Aline Gubbay & Sally Hooff

MONTRÉAL'S LITTLE MOUNTAIN

LA PETITE MONTAGNE

A PORTRAIT OF/ UN PORTRAIT DE WESTMOUNT

Photography/Photographie: Aline Gubbay
Maps/Cartes: Sally Hooff
Translation/Traduction: Rachel Levy

Gubbay Aline, (date)
Montreal's little mountain: a portrait of Westmount

Text in English and French.
Bibliography: p. 132
Includes index.

1. Westmount, Que. - History. 2. Architecture -
Quebec (Province) - Westmount - History. I. Hooff,
Sally. II. Title. III. Title: La petite montagne.
FC2949.W47Z57 1979   971.4 '281   C79-090087-4E
F1054.5.W47G83

Gubbay, Aline, (date)
La petite montagne: un portrait de Westmount

Textes en anglais et en français.
Bibliographie: p. 132
Comprend du index.

1. Westmount, Quebec - Histoire. 2. Architecture -
Quebec (Province) - Westmount - Histoire. I. Hooff,
Sally. II. Titre III. Titre: La petite montagne.
FC2949.W47Z57 1979   971.4 '281   C79-090087-4F
F1054.5.W47G83

ISBN   0-9690159-0-9

© 1979 Aline Gubbay and Sally Hooff

Dépôt légal, 4ième trimestre 1979
Bibliothèque Nationale du Québec

French translation / Traduction française
Rachel Levy

Design / Maquette
Grażyna Girdvainis, Penthouse Studios Inc. / Studios Penthouse Inc.
4492 St. Catherine West / ouest, Montreal H3Z 1R7

Printed by / Impression
Manning Hobbs Press Ltd. / Imprimerie Manning Hobbs Ltée.
6609 Delormier, Montreal H2G 2P7

The publication of this book has been made possible
principally through the generosity of the Samuel and
Saidye Bronfman Family Foundation.
La publication de ce livre a été rendue possible
principalement grâce à la générosité de la Samuel
and Saidye Bronfman Family Foundation

Published by / Publié par
Trillium Books / Les Livres Trillium
59 Windsor Ave. Westmount H3Y 2L9

*FOR
ERIC AND BILL*

CONTENTS / TABLE DES MATIÈRES

ACKNOWLEDGEMENTS

This book grew from an idea shared by several members of the Westmount Historical Association after Westmount's Centennial in 1974. Dr. Hélène Saly and Mr. Michael Fish persuaded us to proceed with it and their encouragement, combined with the scholarly advice of Alice Lighthall C.M., has borne us along on our work. We are grateful also to the Visual Arts Centre, to the many people who shared their memories of growing up in Westmount, to all the householders who invited us into their homes, and to those who gave us useful notes about the buildings.

We are greatly indebted to Professor John Bland of McGill University for generously allowing us access to the Nobbs room and its material on Montreal architecture, and to Robert Lemire who freely shared with us his extensive knowledge of the work of Montreal architects.

The staff at Westmount Library and at City Hall have shown much patience in providing the basic materials for our research, particularly in the offices of the City Clerk, the City Engineer and the building permits department. To the Mayor and Council of Westmount and to Heritage Montreal, go special thanks for their encouragement of our project.

Lastly we acknowledge with gratitude the generous help of the Samuel and Saidye Bronfman Family Foundation whose grant has made possible the publication of this book.

REMERCIEMENTS

Ce livre est issu d'une idée qu'ont eu plusieurs membres de l'Association historique de Westmount, à la suite du Centenaire de Westmount en 1974. Le Dr. Hélène Saly et Monsieur Michael Fish nous ont persuadé d'entreprendre ce projet et leur encouragement, de concert avec les suggestions savantes de Mademoiselle Alice Lighthall C.M. nous a été précieux. Nous sommes également très reconnaissantes envers les nombreuses personnes qui ont partagé avec nous leurs souvenirs de jeunesse et tous les propriétaires qui nous ont invitées chez eux, nous donnant une profusion de renseignements utiles sur les édifices qui nous intéressaient.

Nous remercions très sincèrement le Professeur John Bland de l'Université McGill, grâce auquel nous avons pu avoir accès à la Salle Nobbs et à toute la documentation portant sur l'oeuvre des architectes de Montréal, ainsi qu'à Monsieur Robert Lemire qui a eu la gentillesse de partager avec nous ses considérables connaissances dans le domaine de l'architecture montréalaise.

Le personnel de la bibliothèque de Westmount et de l'Hôtel de Ville ont témoigné une patience incomparable lorsqu'il s'agissait de nous procurer la documentation de base pour nos recherches, entre autres le greffier municipal, les ingénieurs municipaux et le service des permis de construction. Nous remercions toutes ces personnes, ainsi que le maire et les conseillers de Westmount et Héritage Montréal pour leur encouragement.

Nous désirons finalement exprimer notre gratitude vis-à-vis de l'aide généreuse que nous ont portée la Fondation Samuel et Saidye Bronfman car leur subvention a rendu possible la publication de ce livre.

PREFACE

Westmount is a municipality with a long history. It has managed to preserve a continuity with its past, which can be traced through the physical evidence of its buildings and open spaces, and experienced by walking its streets and parks. Sometimes by good luck, sometimes by good management, often by the vigilance of knowlegeable citizens, examples of homes built over the three hundred years of its development still remain, together with open spaces which reveal its older natural beginnings. This historical continuity and its location on the little mountain have combined to give Westmount its special character.

Of course much has been destroyed, some in the very recent past, and pressure builds for further changes which would encroach on and inevitably alter in fundamental ways the delicate balance of past and present which Westmount has managed to maintain. The area lies adjacent to Montreal's downtown and must in time be subject to increasing speculative development.

Pressure to re-zone and re-allocate land use is a daily hazard; yet for the forseeable future, development could take place on parcels of vacant land, parking lots, or railway yards, which still exist within the borders of the municipality. Such growth would not impinge upon the singular quality of Westmount's existing fabric.

This quality lies to a major extent in its buildings. Architecture is the most social of the arts. It exists only in relationship with the people for whom it is designed; it reflects their needs, ambitions and ideals, creating over time a picture of changing social values. These are mirrored in Westmount through a range of what is possibly the largest concentration of varied domestic building in all of Canada. This book presents only a fraction of that which exists and can hope to convey only part of the essence which makes of Westmount a uniquely interesting entity.

Note: Numbers in the margin are keyed to the illustrations. Captions to the illustrations, in their fullest form give, where known, the present and former names of the building; the address: date of building: name of architect(arch.) or builder(b.) or sculptor(sclpt.)

PRÉFACE

Westmount est une municipalité qui a une longue histoire et elle est arrivée à maintenir une grande continuité avec le passé. Cette continuité se retrouve dans la conformation physique de ses espaces bâtis ou non bâtis et on la ressent également lorsque l'on se promène dans ses rues et dans ses parcs. Que ce soit par chance, par gestion judicieuse, par vigilance, on retrouve encore aujourd'hui diverses résidences érigées au cours de trois cents années de son évolution, ainsi que les espaces verts grâce auxquels on perçoit ses origines naturelles. Cette continuité historique, ainsi que la situation du quartier sur la ''Petite Montagne'' se combinent pour donner à Westmount son caractère spécial.

De nombreux éléments ont bien sûr été détruits au cours des années, certains tout récemment et diverses pressions s'exercent toujours en vue de créer des changements qui modifieraient inévitablement le délicat équilibre qui existe entre le passé et le présent. La zone en question se situe près du centre-ville de Montréal et elle sera l'objet croissant de toutes formes de spéculation.

Les pressions exercées en vue d'obtenir des modifications aux règlements de zonage et d'utilisation du sol constituent un danger quotidien;

et pourtant il y a pour l'instant, au sein de la municipalité, assez de terrains vagues, de terrains de stationnement et de zones ferroviaires pour ériger tous les édifices voulus. Ce genre d'expansion n'empièterait nullement sur la qualité unique du tissu urbain actuel de Westmount.

Cette qualité repose en grande partie sur les immeubles. L'architecture est une forme d'art des plus sociales. Elle n'existe que dans le cadre de sa relation avec ceux pour qui elle est conçue; elle reflète leurs besoins, leurs ambitions, leurs idéaux et elle crée, au cours des années qui passent, une illustration de l'évolution des valeurs sociales. Ces dernières se traduisent, à Westmount, par une diversité considérable d'immeubles résidentiels. Ce livre n'est en mesure de présenter qu'une petite partie de ces constructions et nous ne pouvons espérer que communiquer une fraction de l'essence qui donne à Westmount, son caractère et sa saveur uniques.

NOTE: Les chiffres dans la marge se rapportent aux illustrations. Les légendes donnent les renseignements que nous avons en main: noms actuel et préalable de l'édifice; adresse; date de construction; nom de l'architecte (arch.), du bâtisseur (b.), ou de sculpteur (sclpt.)

DEFINING WESTMOUNT

UNE DÉFINITION DE WESTMOUNT

1

2

2. *Milestone measuring distance
from Sulpician Fort de la
Montagne, late 17th century.*

*Borne indiquant la distance du
Fort Sulpicien de la Montagne
fin 17ème siècle.*

The first French settlers called it "La Petite Montagne" for it is indeed a little mountain beside the majestic rise of Montreal's Mount Royal, its higher eastern sister. Its earliest identification as the Little Mountain and its modern name "Westmount", therefore, are both descriptive.

Tilted to catch the best of each day's sunshine and sheltered from the worst north winds, the slopes and plateaus we now call Westmount supported forests and later farms for the Indians long before the arrival of Europeans. It was always a hospitable place for plant, beast, bird and man.

The most dramatic traces of Indian life on this mountainside were revealed in 1898 with a discovery of graves covered with slabs of stone, just below the steepest upper slopes. Several other burial sites were later uncovered nearby, each serving to confirm that a settlement had existed probably about 500 years ago near a group of wells on the mid-slope of the mountain. Also within living memory, several ancient elms bore pictographs carved into the bark, presumably marking trails up and down the hill. One of these trails, part of which survives today as Arlington Lane, led from the settlement near the wells down to the river.

Another later Indian trail ran east and west. It originated at the Iroquois village of Hochelaga, south of where McGill University stands today. It skirted the foot of Mount Royal, and passed along the side of the Little Mountain, westward to the lakeshore of the Island, traditional entry point for furs arriving from upstream along the Ottawa River. In 1669 the priests of the Sulpician Order chose a site for a missionary post on the ancient trail north-west of the original waterfront settlement of Montreal, "Villemarye". They called the new mission the "Fort de la Montagne". The twin towers of this fort can be seen on Sherbrooke Street in Montreal today, and on the Cote St. Antoine Road a

Les premiers colons français nommèrent ce quartier "La Petite Montagne", car il s'agit effectivement d'une petite montagne face à la taille majestueuse du Mont-Royal, sa grande soeur vers l'est. Sa désignation originale, "La Petite Montagne" ainsi que son nom moderne, Westmount, sont tous deux des plus descriptifs.

Inclinés de façon à recevoir un ensoleillement maximal et protégés contre les vents du nord, les flancs de la montagne et les plateaux qui constituent aujourd'hui Westmount étaient autrefois couverts de forêts et, plus tard, par les fermes des Indiens, ceci longtemps avant l'arrivée des Européens. Westmount a toujours été un asile accueillant pour les plantes, les bêtes, les oiseaux et les hommes.

Les vestiges les plus frappants du passé indien furent trouvés en 1898, lors de la découverte de tombes recouvertes de dalles de pierre au sommet de la montagne. Plusieurs autres lieux de sépulture furent ensuite découverts à proximité de ces premières tombes et chacune de ces trouvailles confirma que la zone située près d'une groupe de puits à mi-chemin du sommet avait probablement déjà été habitée il y a quelque 500 ans. Il y a d'ailleurs encore des personnes qui se souviennent des vieux ormes qui portaient des pictogrammes gravés dans l'écorce, délimitant, présume-t-on, les pistes et les sentiers de la forêt. L'un de ces sentiers, dont une section survit encore sous le nom d'Arlington Lane, unissait la communauté, installée près des puits, à la rivière.

Plus tard, une autre piste indienne prenait naissance au village iroquois d'Hochelaga, au sud du site actuel de l'Université McGill, ceinturait le pied du Mont Royal et continuait le long du flanc de "La Petite Montagne" vers l'ouest et le rivage de l'Ile, jusqu'au point d'entrée traditionnel pour les fourrures en provenance de la Rivière d'Ottawa. C'est ainsi que lorsqu'en

2 stone marks the distance from the Sulpician fort.

Soon the granting of farm lots brought the first French settlers to the Little Mountain. These lots were called "côtes", long narrow strips of land running back from the shore, giving each farmer access to the river for easy transport. The earliest farmers on the Little Mountain could get their produce downstream to Montreal through the St. Pierre River from Lac St. Pierre at the south end of their properties. The later settlers on secondary inland côtes would

4

have to take their grain, vegetables, apples and melons to market by road. On the Little Mountain it was the former Indian trail which served as the link between the farm buildings and the road to market. By the early nineteenth century the territory became known as Côte St. Antoine, and the old trail, its main thoroughfare, became the Côte St. Antoine Road.

3 The building of "Monklands" in 1799 brought increased traffic to the Côte St. Antoine Road. The great stone mansion, now just outside Westmount's boundaries, served first as a private house and then as the residence of two Governors General, before a brief period as a hotel, and finally, to the present day, as the Villa Maria Convent. In each of these existences it was reached from Montreal most easily by the Côte St. Antoine Road.

1669, le poste de missionnaires "Villemarye" fut établi au nord-ouest de la communauté originale de Montréal installée au bord de la rivière, les prêtres Sulpiciens choisirent un emplacement sur l'ancienne piste et le nommèrent le "Fort de la Montagne". On peut encore voir aujourd'hui, sur la rue Sherbrooke à Montréal, les tours jumelles de ce fort et sur le chemin de la Côte St-Antoine, une borne marque la

2 distance jusqu'au Fort Sulpicien.

Peu de temps après, la concession de lots de terre cultivable attira les premiers fermiers à "La Petite Montagne". Ces lots longs et étroits, que l'on appelait "Côtes", aboutissaient au rivage, donnant à chacun des fermiers accès à la rivière pour faciliter le transport de leurs produits. Les premiers fermiers installés à "La Petite Montagne" pouvaient transporter leurs récoltes à Montréal, du Lac St-Pierre, à l'extrémité sud de leurs propriétés, en empruntant la rivière St-Pierre. Plus tard, les fermiers installés sur les "côtes" secondaires, c'est-à-dire à l'intérieur, étaient tenus de passer par la route pour transporter leur grain, leurs légumes, leurs pommes et leurs melons au marché. Sur "La Petite Montagne", l'ancienne piste indienne servait de lien entre les fermes et la route qui menait au marché. Au début du dix-neuvième siècle, ce territoire fut appelé Côte St-Antoine et l'ancienne piste, la voie principale qui le traversait, devint le chemin de la Côte St-Antoine.

3 Après la construction de l'immeuble "Monklands" en 1799, la circulation sur le chemin de la Côte St-Antoine augmenta progressivement. Cet imposant bâtiment de pierre, aujourd'hui situé légèrement en dehors des limites de Westmount, a d'abord servi de résidence privée, puis de résidence officielle à deux gouverneurs-généraux; il est ensuite devenu pour quelques temps un hôtel et aujourd'hui, c'est le couvent Villa Maria qui l'occupe. Cet immeuble est facilement accessible par le chemin de la Côte St-Antoine.

On the shoulder of the Little Mountain the farm lots above Côte St. Antoine Road met the lots running up the east and north faces of the hill so that today's Westmount boundaries follow closely the limits of old farms. The plateau shown here is at the upper edge of the former Lacroix farm. At the turn of the century it became a golf course before being divided into streets and building lots, called "West Crescent Heights", in 1910. The familiar dramatic dome of St. Joseph's Oratory is silhouetted on the Montreal side of the crest of the mountain.

The growth of population was very gradual and, as the 1859 map shows, houses were few. It was after Confederation that the number of people had become sufficient to justify the incorporation of the community. The founding of a Protestant Deaf Mute School, and the first churches, and the opening of the first village store and post office, all occurred around the same central spot, on Côte St. Antoine Road below the old milestone.

Westmount incorporated itself as the "Village of Notre Dame de Grace" in 1874 and for the first five years its western boundaries extended beyond where Decarie Avenue runs today. In 1879 (see map B) the village drew its western limits at Claremont Avenue and took the name of "Côte St. Antoine" which it retained for the next fifteen years. The name "West Mount" had actually been mooted as early as 1877 but it was not until 1894 that Council adopted the modern title "in accord" as one member stated it, "with the anglicised character of the inhabitants." By that time fewer than five percent of residents were of French origin, although today the number is closer to twenty-five percent.

Sur l'épaulement de "La Petite Montagne", les fermes au-dessus du chemin de la Côte St-Antoine rejoignaient les lots qui s'étendaient vers les versants est et nord de la colline et les limites actuelles de Westmount suivent encore de très près les limites des anciennes fermes. Le plateau indiqué ici se situe à la limite supérieure de l'ancienne ferme Lacroix. Vers le début du 20ème siècle, il fut transformé en terrain de golf avant d'être loti à des fins résidentielles en 1910; l'on nomma ce quartier West Crescent Heights et l'on peut voir en silhouette le dôme familier et majestueux de l'Oratoire St-Joseph lorsque l'on contemple Montréal du sommet de la montagne.

La population n'augmentait que très progressivement et, ainsi que l'on peut constater en étudiant la carte de 1859, il n'y avait alors que peu d'habitations. Ce ne fut qu'après la Confédération que le nombre de résidents augmenta suffisamment pour justifier la constitution d'une corporation municipale. Une école protestante pour les sourds-muets, plusieurs églises, un premier magasin et un bureau de poste, tous ces services furent installés à un même point central sur le chemin de la Côte St-Antoine sous l'ancienne borne.

Westmount fut constitué en corporation en 1874 sous le nom de "Village de Notre-Dame de Grâce" et pendant cinq ans, fut délimité à l'ouest par ce qui est aujourd'hui le boulevard Décarie. En 1879 (voir la carte "B"), le village traça sa ligne de démarcation à l'avenue Claremont et prit le nom de "Côte St-Antoine"; ce nom survécut pendant les quinze années suivantes. Le nom "West Mount" avait été à l'étude depuis 1877, mais ce ne fut qu'en 1894 que le Conseil adopta le titre moderne, "en accord", ainsi que le déclara l'un de ses membres, "avec le caractère anglicisé des résidents". A cette époque, moins de cinq pour cent des habitants du quartier étaient d'origine française, alors qu'aujourd'hui ce pourcentage s'élève à vingt-cinq.

5. *St. Joseph's Oratory, dome completed 1937 / Oratoire St-Joseph, dôme terminé en 1937, arch. Dalbe, Viau, Alphonse Venne*

5

6. Glen Bridge, 1892, arch.
H. Ross Hooper

One of Westmount's principal water courses helped to shape the south west corner of the city where the streams flowing from the central plateau made a cleft in the escarpment leading to the old town of St. Henri. Westmount's early Scots named this gulley the Glen, but it had once been part of the Indian trail and then the way to the river for the first settlers. In the 1870's and 80's residents of the west end of the village used the footpath beside the stream to reach the Grand Trunk railroad station in St. Henri. At that time a millwright

6

worked in the Glen and there was a small brick works.

The Canadian Pacific Railway was first carried over the Glen by a high wooden trestle bridge in 1888, but civic pride soon caused Westmount to build an impressive stone bridge and to create a road by putting the stream underground. The plaque commemorating the event, ''Erected 1892 by the Council of Côte St. Antoine'', has disappeared from the arch, but the Glen Bridge was in fact Westmount's first public work, paid for by the town and supervised by Mr. Massy, the Town Engineer.

The taming of the Glen was essential for the extension of streetcar services westwards through Westmount. Residents who had formerly walked to St. Henri to take a horse car or a train could now reach Montreal by the streetcar along St. Catherine, or in winter by sleigh from Victoria Avenue in Westmount to Victoria Square in the business section of Montreal.

L'un des principaux cours d'eau de Westmount a contribué à modeler la configuration de la partie sud-ouest de la ville, à l'endroit où les eaux qui descendent du plateau central ont creusé leur lit dans l'escarpement qui mène à l'ancienne ville de St-Henri. Les premiers écossais de Westmount nommèrent ce petit ravin le ''Glen'', bien que ce dernier fasse autre fois partie de la piste indienne et que les premiers fermiers s'en servirent ensuite pour descendre à la rivière. Pendant les années 1870 à 1880, les résidents de l'extrémité ouest du village utilisaient le sentier qui longeait le ruisseau pour se rendre à la gare du Grand Trunk, à St-Henri. A cette époque, un forgeron et une petite usine de briques étaient installés dans le Glen.

Le voie ferrée du Canadien Pacifique passait, à l'origine, sur un haut pont à chevalets de bois, construit en 1888, mais un sentiment d'orgueil communautaire poussa la Cité de Westmount à construire un imposant pont en pierre et à créer une voie appropriée en faisant passer le ruisseau sous terre. La plaque qui commémorait cet événement, portant les mots Érigé en 1892 par le Conseil de Côte St-Antoine'' a disparu de l'arche, mais le pont Glen constitua en fait le premier édifice public de Westmount. Sa construction fut surveillée par l'ingénieur municipal, Monsieur Massy, et payée par la municipalité.

Il fallut ensuite dompter le Glen pour pouvoir prolonger la ligne de tramway vers l'ouest, via Westmount. Les résidents qui préalablement allaient à pied à St-Henri pour prendre le tramway à chevaux ou le train, pouvaient maintenant se rendre à Montréal en prenant le tramway le long de la rue Ste-Catherine ou, en hiver, le traîneau qui les amenait de l'avenue Victoria à Westmount au Carré Victoria, dans le centre commercial de Montréal.

Lorsqu'en 1872, la Compagnie de chemin de fer à passagers de la cité de Montréal prolongea la ligne de tramway jusqu'au quartier qui est maintenant Westmount, cette municipalité était alors située en pleine campagne et les Montréalais prenaient

When the Montreal City Passenger Railway Co. extended its horse car service into what is now Westmount in 1872, the area was open country and Montreal families took the horse car to its Western terminus for a picnic in the fields. Very soon building began close to the terminus at St. Catherine and Greene. Nowadays, the staggering growth of Westmount at it's boundary with Montreal is due to the completion of the subway line, the Metro, in 1967.

7 McDonald's Restaurant was built in time for the opening of the Olympics in

le tramway jusqu'au terminus pour pique-niquer dans les champs. Peu de temps après, on commença à construire divers bâtiments à proximité du terminus situé à l'angle de la rue Ste-Catherine et de l'avenue Green. Aujourd'hui l'expansion considérable de Westmount, près de la limite municipale entre Westmount et Montréal, est due à l'achèvement en 1967 du métro. Le restaurant

7 McDonald fut crée lors de l'inauguration des Jeux Olympiques en 1976. En face de ce restaurant, les autobus amènent

7. *McDonald's Restaurant, 1976, arch. Mayers, Girvan, Wellen and Berns. Rear of/arrière de Reddy Memorial Hospital, 1926, arch. arch. J. Sawyer; 1962, Franco Consiglio/Desina and Pellegrino.*

8. *St. Stephen's Church, 1903, arch. J.R. Gardiner*

9. *Roslyn School, 1908, arch. Ross and Macfarlane*

7   8   9

1976. Across Atwater from McDonald's the buses at Cabot Park terminus bring thousands to attend spectacles at the Montreal Forum. The picnic place of a century ago is still a popular recreation spot for Montrealers.

Montreal's boundary was established early in the nineteenth century at the ravine, later an aqueduct, which is now covered over by Atwater Avenue. When the fashionable thoroughfare of Dorchester Boulevard was extended into Westmount, a toll-gate was built which survived into this century across from

8 St. Stephen's Church.

The streetcar services on the hillside along the Boulevard and the general use of the motorcar by the 1920's meant that the northwest corner of Westmount was steadily built up from about 1910 onwards, first with large semi-detached houses, and then with

9 single villas. The opening of Roslyn School in 1908, the area's fourth Protestant elementary school, brought

autobus amènent au terminus du Parc Cabot les milliers de spectateurs qui se rendent au Forum de Montréal. Ainsi les champs des pique-niqueurs du siècle dernier constituent encore un centre d'attraction populaire pour les Montréalais.

Les limites entre les municipalités de Westmount et de Montréal furent établies à partir du 19ème siècle le long du ravin qui devint plus tard un aqueduc, aujourd'hui recouvert par l'avenue Atwater. Lorsque l'élégant boulevard Dorchester fut prolongé vers l'ouest hors des limites de Montréal, on construisit une barrière de péage qui survécut jusqu'au 20ème siècle en face

8 de l'église St. Stephen.

Le service de tramway le long du Boulevard sur le versant de la colline et le développement de l'automobile pendant les années 1920 se traduisirent à partir de 1910 par une expansion de la construction dans la partie nord-ouest de Westmount; on érigea en premier lieu de grandes maisons jumelées puis des maisons unifamiliales.

*10. Dominion Douglas Church,
1927, arch. Hugh G. Jones*

families out from downtown Montreal
and "up the hill" to more salubrious
air. The establishment of Stanley
Presbyterian Church near Roslyn School
and then of the Dominion Methodist
Congregation in a Sunday school on the
Boulevard before the first World War
was a natural accompaniment to the
migration. It was not until 1927,
however, after the union of the

10

Presbyterian and Methodist churches,
10 that the present Dominion-Douglas
United Church was completed.
11   The Roslyn Lookout is one of several
flights of stone or wooden steps by
12 which the steeper parts of Westmount
13 are scaled. A few of these steps are
private, but many are public and take
14 the climber between private gardens
and even into small patches of
woodland.

L'établissement en 1908 d'une
quatrième école élémentaire
9 protestante, l'École Roslyn, attira de
nombreuses familles du centre-ville
"vers la montagne", où l'air était sain.
La fondation avant la première guerre
mondiale, de l'Église Presbytérienne
Stanley, près de l'École Roslyn et
ensuite de la Congrégation méthodiste
Dominion dans une école de
cathéchisme du Boulevard, allait de pair
avec la migration. Ce ne fut toutefois
qu'en 1927, après l'union des églises
presbytérienne et méthodiste, que
10 l'actuelle Eglise Unie Dominion-
Douglas fut terminée.
   Le belvédère Roslyn est situé au
11 sommet de l'un des escaliers en pierre
ou en bois à l'aide desquels on peut
escalader les zones escarpées de
12 Westmount. Certains de ces escaliers
13 sont privés bien que la majorité soient
14 des lieux publics; le promeneur passe
entre les jardins privés qui bordent ces
escaliers et même dans de petites zones
boisées.
   Tout comme celui du Mont-Royal, le
sommet de Westmount n'est pas
pointu. Le parc Summit est constitué
de plusieurs petites collines et de
dépressions marécageuses et recouvert
d'un boisé si dense qu'il ressemble à
une forêt vierge où l'on se sent
totalement en dehors du bourdonnement
15 urbain environnant. Ce sanctuaire
exquis est à son apogée au printemps et
en automne, lorsque la boue et les
températures fraîches découragent la
majorité des promeneurs. En mai, le sol
se couvre d'un épais tapis de trilles et les
fauvettes s'en donnent à coeur joie dans
les arbres. Les ornithologues estiment
que ce parc constitue l'un des meilleurs
postes d'observation de l'est du pays.
   Les parcs Summit et Belvedere furent
légués par Sir William MacDonald à
l'Université McGill; à la fin du 19ème
siècle, McGill était propriétaire d'une
grande partie de ces terrains et
exploitait un jardin botanique dans les

11. *Roslyn steps / escalier Roslyn,
1931, City of / Ville de
Westmount.*

12

Like Mount Royal, Westmount Mountain does not come to a sharp peak. Summit Park consists of several undulating hills and marshy hollows in woodland so dense that one can feel quite isolated from the surrounding hum of the city. This exquisite
15 sanctuary is at its best in spring and fall when mud and cooler temperatures

environs. L'université y entretint un observatoire jusqu'au 1928. Par la suite McGill et divers autres propriétaires vendirent ces bois à Westmount qui désirait protéger 56 acres contre toute construction.

16 Le belvédère au pied du parc Summit, attire, à longueur d'année, de nombreux visiteurs, sans parler des

14

15

deter the casual sightseer. Carpets of trilliums flourish in May and migrating warblers sing in the trees. It is known to ornithologists as one of the best observation spots in eastern Canada.

Summit and Belvedere Parks are a legacy from Sir William Macdonald to McGill University which, at the end of the nineteenth century, owned much of the land and ran a botanical garden nearby.

The University maintained an observatory there until 1928. Later McGill and other land-owners sold the woods to Westmount in order to protect 56 acres from further encroachment.

16 The Lookout below Summit Park attracts visitors - and Westmounters - all the year round. Directly beneath the walls of the Lookout, steps lead down to the steep paths and neat bushes of little Sunnyside Park, a contrast to the wilderness of the Summit nearby.

résidents de Westmount. Directement sous les murs du belvédère, des escaliers mènent aux sentiers escarpés et aux buissons soigneusement taillés du petit parc Sunnyside, créant un contraste total avec la nature sauvage du parc Summit en face.

17. *Barn of the Hurtubise House,*
    mid 19th century.
    Grange de la maison Hurtubise
    mi 19ème siècle

18. *Rear of Hurtubise House /*
    arrière de la maison Hurtubise

17

18

CHAPTER I
CHAPITRE I

19

FARMING THE "LITTLE MOUNTAIN"

19 Sole survivor of the several farmhouses built on the Little Mountain in the late seventeenth and early eighteenth centuries is the Hurtubise house. The

LES FERMES DE "LA PETITE MONTAGNE"

19 La maison Hurtubise constitue l'unique survivante des diverses fermes bâties sur "La Petite Montagne" à la fin du 17ème et au début du 18ème siècle. Sieur de

20. Rear of / vue arrière des 513-5 Côte St. Antoine, late 18th century / fin 18ème siècle

20

land was granted to Marin Hurtubise by de Maisonneuve in the 1650's and the house was built by Marin's son Pierre in 1688. He had the help of masons from the Leduc and Decarie families, all early arrivals in New France who had formed a bond of mutual help in establishing their settlement. The Hurtubise house remained in the family from the time of its construction until 1955 when it was acquired from Dr. Leopold Hurtubise by the Canadian Heritage of Quebec.

The house has changed very little since it was built. Inside, the old single board partitions with low doors are intact, and the interior woodwork is largely fastened with hand-forged nails. Roof beams in the attic are handcut and fastened with wooden dowels.

The main floor is raised above ground level to clear the entry of heavy winter snows and to allow gun slits to be pierced in the south wall facing downhill. This was still a time when each household needed to provide its own defence against hostile Indian attack. No wonder fellow settlers living within the comparative safety of the palisades of Montreal referred to the Hurtubise farm as 'la Haute Folie'.

17
18   West of the house stands a great barn, larger in area space than the original farmhouse, a reflection of the huge acreage of the Hurtubise farm.

In the late eighteenth century a
20 dower house was built for a Hurtubise daughter on a lot adjacent to the family farmhouse. This two-storey, mansard-roofed home is now the rear part of a later mansion built in the 1870's. The earlier house has been sheathed in brick to match the new building, but the thickness of its walls and the unstripped cedar beams in the foundation reveal its age.

Also on the Hurtubise property stood a well house, a simple wooden shelter protecting the well head. Both well and shed have long since disappeared, and the site is now occupied by a small
21 house. Though recent in age it preserves a scale and detailing which live comfortably with its earlier neighbours. Old brick has been used in the construction, and the handsome front door and bargeboard detail were brought from older buildings.

To the west of the Hurtubise house

Maisonneuve octroya le terrain à Marin Hurtubise vers 1650 et la résidence fut érigée en 1688 par le fils de Marin, Pierre. Des maçons des familles Leduc et Décarie, tous des pionniers qui arrivaient en Nouvelle-France et avaient constitué une association d'aide réciproque lors de la construction de leurs résidences, l'aidèrent à bâtir cette maison. La maison Hurtubise resta entre les mains de la famille depuis l'époque de sa construction jusqu'en 1965, alors qu'elle fut vendue par le Dr. Léopold Hurtubise à l'Héritage Canadien du Québec.

La maison a à peine changé depuis le 17ème siècle. A l'intérieur, les vieilles cloisons aux portes basses sont intactes et les boiseries intérieures sont fixées à l'aide de clous forgés à la main. Les pièces de bois qui forment la toiture sont taillées à la main et assemblées à l'aide de chevilles en bois. Le rez-de-chaussée est surélevé pour que l'entrée soit dégagée lors des tempêtes hibernales et aussi pour permettre le percement de meurtrières dans le mur sud, face à la rivière. Il s'agit encore des jours où chaque famille devait se défendre comme elle pouvait contre les attaques indiennes et il est donc peu surprenant que les colons de l'époque, vivant dans la sécurité relative des palisades de Montréal aient nommé la ferme Hurtubise ''La Haute Folie''.

17
18   A l'ouest de la maison se dresse une vaste grange, plus grande en surface que la ferme originale, un reflet de l'envergure de la ferme Hurtubise.

A la fin du 18ème siècle, une autre maison fut construite à titre de dot pour l'une des filles Hurtubise, sur un lot avoisinant la ferme familiale. Cette
20 résidence de deux étages, au toit en mansarde, constitue maintenant la section arrière d'une résidence érigée plus tard pendant les années 1870. L'ancienne maison fut revêtue de briques pour s'harmoniser à la nouvelle habitation, mais l'épaisseur de ses murs et les poutres de cèdre, non équarries, révèlent son âge.

Un simple abri en bois qui protégeait le puits se dressait également au sein de la propriété. Le puits et son abri ont disparu depuis longtemps et ont fait
21 place à une petite habitation. Cette dernière, bien que de date récente,

22. 605 Côte St. Antoine Road,
    *mid 19th century / mi 19ème
    siècle*
23. *The Villa Maria farm from
    Victoria Ave.
    La ferme Villa Maria de
    l'avenue Victoria*

22

23

stands another former farmhouse on what was originally Hurtubise land.

22 This barn-shaped building, which is now a private home, stood within the large land area farmed after 1860 by the Sisters of the Congregation de Notre

23 Dame of the Villa Maria immediately west of Westmount's borders. Until the 1950's the Order still owned the house in which lived a priest who left in a horse-drawn carriage each morning to say Mass at the Congregation chapel close by.

East of the Hurtubise house and closer to the fort were several other farmhouses belonging to the Prud'homme, St. Germain, Leduc and Lacroix families. All are gone. From architectural evidence, however, and

24 Sulpician land records, it appears that 39 Côte St. Antoine Road was constructed in the eighteenth century. Under the stucco surface are thick walls of stone rubble. In the walls of the basement, which is low and without windows in the old French style, can be seen the remains of three huge round logs on which the house rested before being re-built on later square-cut beams laid over, not in, the foundation.

préserve l'échelle et les détails de ses voisines plus anciennes et s'harmonise parfaitement avec elles. Construite de briques anciennes, cette maison a une porte élégante et le détail des bordures du pignon provient d'immeubles anciens.

A l'ouest de la maison Hurtubise, se dresse une vieille ferme. Ce bâtiment

22 en forme de grange est maintenant une maison privée; elle était autrefois située au sein de la vaste ferme cultivée après 1860 par les Soeurs de la congrégation Notre Dame de Villa Maria, tout près

23 de la limite ouest de Westmount. Cette habitation appartint à l'Ordre jusqu'aux années 1950 et hébergea un prêtre qui partait tous les matins dans une voiture à cheval pour officier à la Chapelle de la congrégation avoisinante.

A l'est de la maison Hurtubise et à proximité du Fort se dressaient les propriétés des Prud'homme, des St-Germain, des Leduc et des Lacroix. Il n'en reste plus rien aujourd'hui. Toutefois, à en juger par l'architecture ainsi que par les archives cadastrales des Sulpiciens, il semble que le No 39

24 chemin de la Côte St-Antoine fut érigé pendant le 18ème siècle. Sous le revêtement de stuc, l'on retrouve d'épais murs en moellons. Les murs du sous-sol, bas et sans fenêtres selon l'ancien style français, révèlent les restes de trois énormes poutres à sections circulaires sur lesquelles reposait la maison avant qu'elle ne soit reconstruite sur des poutres à sections plus récentes placées sur la fondation existante.

The first house to be built on the Little Mountain after the end of French rule in 1760 was that of a prosperous merchant in the fur trade, Simon Clarke of the North West Company. That house has gone from the north-east corner of Sherbrooke and Clarke but his descendants lived at 512 Clarke Avenue into this century. One old farmhouse

25 still stands on the Clarke estate set far back from the street and facing downhill in an exceptionally fine garden. The walls are thick with deep window recesses, but the porch and the detailing on the dormer windows are later additions.

Other Montreal gentlemen came to settle on the fertile slopes of the Little Mountain. Fur-trader William Hallowell and, later, Judge Badgley chose land with orchards on the escarpment near Atwater. About 1853 the Hon. George Moffatt bought William Badgley's house and called it "Weredale Lodge". When he looked south to the St. Lawrence River, Moffatt could see an island named after himself, the terminus wharf of Canada's first railroad, the Champlain and St. Lawrence, of which he had been a founder in 1835. The only traces of the

26 Weredale estate today are a fine circular driveway and a park in the centre, with church, hall, homes and offices set pleasantly around it.

The most splendid of the early mansions was built in 1826 for Charles Bowman, a Scottish importer who had travelled widely and was the founder of Bowmanville in Ontario. Inspired by Italian models he built his home "Forden" with a central core linked by open loggias (later enclosed) to wings on either side. Its demoliton in the early 1950's caused probably the greatest single loss among Westmount's architectural treasures. Still standing is

27
28 the barn of rough fieldstone, an adaption of the traditional French-Canadian farmhouse. The building has been sensitively enlarged and remodelled in character with the original structure, the easterly portion near the street.

La première habitation qui fut érigée sur "La Petite Montagne" après le régime français en 1760 fut celle d'un fourreur prospère, Simon Clarke de la compagnie "North West". Cette maison a disparu depuis longtemps de l'angle nord-est de la rue Sherbrooke et de l'avenue Clarke où elle se trouvait, mais les héritiers de Simon Clarke vécurent au 512 avenue Clarke jusqu'au début du 20ème siècle. Il y a encore une ancienne ferme sur la propriété

25 Clarke; cette habitation aux murs épais et aux fenêtres renfoncées est située sur la pente d'un très beau jardin. Le porche et les garnitures des fenêtres en mansarde sont de date récente.

D'autres gentilshommes montréalais s'installèrent sur les pentes fertiles de la Petite Montagne. Le pelletier William Hallowell et, par la suite, le juge Badgley choisirent des terrains cultivés en vergers sur l'escarpement non loin d'Atwater. Vers 1853, l'Hon. George Moffatt acquit la demeure de William Badgley et la surnomma "Weredale House".

Lorsqu'il contemplait le St. Laurent vers le sud, Moffatt pouvait voir une île qui portait son nom et le quai terminus du premier chemin de fer du Canada, le "Champlain & St. Lawrence" dont il avait été l'un des fondateurs en 1835. Aujourd'hui, un parc entouré d'une allée circulaire, d'une église, d'une salle communautaire, de diverses résidences et d'immeubles à bureaux harmonieusement disposés, constituent les dernières traces de la propriété

26 Weredale.

Le plus grandiose des anciens manoirs fut bâti en 1826 par Charles Bowman, importateur écossais et voyageur enthousiaste, fondateur de Bowmanville en Ontario. S'inspirant de l'architecture italienne, il construisit "Forden", une demeure dont le noyau central était relié par des loggias ouvertes, qui furent fermées par la suite, aux ailes situées aux deux extrémités. Lorsqu'on la démolit en 1950, ce fut probablement la plus grande perte qu'ait subi la municipalité dans son patrimoine architectural. La grange, en pierre des champs, est une adaptation de la ferme canadienne-française traditionnelle. Ce bâtiment a été

27 agrandi et restauré avec goût et conserve

25

26

27. 50 Forden Ave., formerly barn
of "Forden"/ancienne grange
de "Forden" c. 1826

28. Detail of/détail de 50 Forden
Ave.

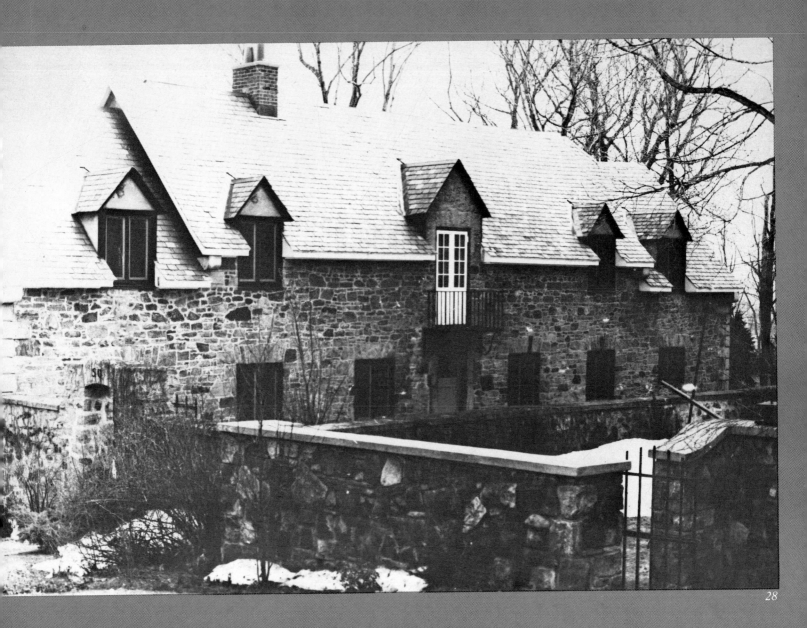

28

Above the steep slope of today's Mountain Avenue two large houses were established in the 1830's. One remains, of a design so rare in Quebec that its presence in modern Westmount affords a special delight to the eye. It was built about 1836, possibly for the commander of the Montreal Garrison. Its spectacular setting, at the highest point of all the early houses, suggests military dominance during the period of rebellions in Upper and Lower Canada. (It is probably no coincidence that the original house beside it belonged to Major William H. Brehaut, 29 Police Magistrate). Built of brick in the 30 Regency style of military buildings of the early nineteenth century, this big house in its splendid grounds boasts a complete two-level gallery on all four sides - now fully restored by the present owners - which gives it the air of a southern Colonial mansion.

29

By 1852 when the military were giving way to the merchants as the influential class in Montreal, the owner was Mr. T.C. Panton, a grocer and wine merchant, who gave the house its surprising Scottish name "Braemar". It did however resume colonial associations when it was owned in the 1880's by the Hon. E.H. Spring-Rice whose wife was a lady-in-waiting to Queen Victoria.

l'esprit de la partie d'origine, c'est-à-dire la section est, située à proximité de la rue.

Au-dessus de l'actuel raidillon de l'avenue de la Montagne, on érigea deux vastes résidences pendant les années 1830. Il en reste encore une, d'un style si rare au Québec que sa présence au coeur de Westmount constitue un festin pour les yeux. Elle fut construite vers 1836, probablement pour le commandant de la garnison de Montréal, et son site spectaculaire, qui surplombe toutes les autres maisons, suggère l'idée de domination militaire lors de la période de rebellion qui sévissait au Bas-Canada et au Haut-Canada. (Ce n'était probablement pas par coincidence que la demeure voisine fut celle du Major William H. Brehaut, magistrat de la police). Faite de brique, 29 de style régence ainsi que beaucoup de bâtiment militaires du début du 19ème 30 siècle, cette grand maison, située dans un parc superbe, est dotée des quatre côtés d'une galerie à deux niveaux; cette galerie a été entièrement restaurée par les propriétaires actuels, ce qui donne à la maison un aspect de manoir colonial.

En 1852, alors que la classe militaire prenait progressivement la place de prestige réservée préalablement aux commerçants, le propriétaire de cette résidence était T.C. Panton, épicier et marchand de vin. Elle portait l'étonnant nom écossais de "Braemar". La maison renoua encore une fois ses liens coloniaux lorsqu'elle devint pendant les années 1880 la propriété de l'Hon. E.H. Spring-Rice, dont l'épouse était dame d'honneur de la reine Victoria.

31

32   The busy estate of "Rosemount" on
the slope of the mountain below
Braemar, was owned in 1843 by Asa
Goodenough, manager of the Exchange
Coffee House in Montreal. He
advertised the house for sale in 1846, "a
first class THREE STOREY CUT
STONE DWELLING 45 feet by 36,
together with two extensive graperies
(stacked with the choicest Grapes,
Peaches and Apricots) a COACH
HOUSE, STABLES, and OFFICES,
complete value of £2,500", and a
"highly cultivated GARDEN including
two hundred of the choicest plum trees,
together with choice pear and dwarf
apple trees". The latter was offered for
building lots, but evidently, in spite of
an economic slump in Montreal at that
time, Mr. Goodenough did not sell and
was able to maintain the gardens for his
successor.

The second owner of Rosemount, the
Hon. John Young, was an engineer
whose term as Harbour Commissioner
for twenty-five years encompassed the
deepening of the shipping channels of
the St. Lawrence and the building of
the Victoria Bridge. His statue by
Philippe Hébert (1908) stands near the
waterfront today, honouring him as
"the father of the Montreal Harbour".
He was a Cabinet Minister in the
government of Lower Canada and an
M.P. in Ottawa after Confederation.

John Young was also the meticulous
manager of the Rosemount orchards
and gardens which provided many
saplings for the bare fields surrounding
McGill University in the 1860's. Since
he had a large family and at the height
of his prosperity was known for lavish
entertaining, he enlarged the original
"cut-stone dwelling" - 16 Severn
Avenue - by attaching another higher
31   three-storey house to the west side.
Both are of local Montreal greystone,
handcut and backed with brick in the
earlier house, machine cut in the
addition.

32   L'active propriété "Rosemount",
située sur le versant de la montagne en-
dessous de la maison "Braemar"
appartenait en 1843 à Asa Goodenough,
propriétaire de l'"Exchange Coffee
House" de Montréal. En 1846, il fit
paraître l'annonce suivante: "A
vendre, maison en pierre de taille, trois
étages, 45 pieds par 36, première
qualité, deux vastes serres (produisant
d'excellents raisins, pêches et abricots)
une REMISE, des ETABLES et des
BUREAUX - prix total: £2,500 "plus", un
jardin totalement mis en valeur, deux
cents pruniers des plus recherchés, des
poiriers et des pommiers nains, tous de
meilleure qualité." Ce jardin était mis
en vente pour en faire des terrains à
bâtir. Mais de toute évidence malgré la
stagnation economique qui régnait à
cette époque à Montréal, M.
Goodenough décida de ne pas vendre et
fut en mesure d'entretenir les jardins
pour son successeur.

Le second propriétaire de
Rosemount, l'Hon. John Young, était
un ingénieur dont les vingt-cinq années
à titre de commissaire du port
englobèrent le creusage des voies
navigables du St-Laurent et la
construction du Pont Victoria. Une
statue de John Young, par le sculpteur
Philippe Hébert, se dresse aujourd'hui
près du St. Laurent et lui rend
hommage à titre de "Père du Port de
Montréal". John Young fut ministre
du gouvernement du Bas-Canada et
député à Ottawa après la confédération.

John Young était également le
méticuleux administrateur des vergers
et des jardins de Rosemount: ceux-ci
fournissaient un grand nombre de
jeunes arbres pour les champs dénudés
qui entouraient le campus de McGill
pendant les années 1860. Père d'une
famille nombreuse, à l'apogée de sa
prospérité John Young recevait chez lui
de manière seigneuriale et il agrandit la
résidence originale en pierre de taille
grise située au 16 avenue Severn en y
adjoignant, du côté ouest, une autre
31   habitation de trois étages, plus élevée
que la première. Les deux maisons sont
faites de pierre grise locale. Les pierres
de la plus ancienne ont été taillées à la
main, tandis que celles de la plus
récente, au 18 avenue Severn, ont été
taillées à la machine.

33 The steep-roofed cottage (see cover) at the junction of today's Mountain and Severn Avenues stands on one of the driveways which approached Rosemount. It was once called "Gate Lodge" and appears to have been the coachman's or the gardener's house. Built of stone, brick and clapboard, with oriel windows on the main floor and steeply projecting attic dormers, it is one of Westmount's most intriguing small houses.

34 Three singular houses forming a T-shaped structure are tucked into the hillside below Rosemount between two of the former driveways of the estate. They were probably built for business associates of Robert J. Reekie, another engineer, who bought Rosemount from the Youngs in 1872.

33 La petite maison à toit en pente (voir la couverture), située à l'angle des avenues Mountain et Severn, se dresse sur l'une des allées qui menaient autrefois à "Rosemount". Cette maison, surnommé "Gate Lodge", semble avoir été la demeure du cocher ou du jardinier. Faite de pierre, de brique et de bardeaux, dotée au rez-de-chaussée de "bay windows", cette petite maison est l'une des plus intrigantes du quartier.

34 Trois maisons formant un ensemble en forme de T se blotissent contre la colline sous le domaine "Rosemount", entre deux anciennes allées de la propriété. Elles furent probablement construites pour les associés de Robert J. Reekie, lui aussi ingénieur, qui acheta "Rosemount" en 1872.

33

37. Pavilion/Pavillion, Murray Park, 1932, arch. Robert Findlay.

About 1840 Captain Moses Judah Hays began to build a remarkable row of four houses, facing uphill on Côte St. Antoine Road and with long farm lots stretching downhill. We are lucky to have two of this foursome left, Westmount's earliest example of multiple design. When it was completed it was given the title of "Metcalfe Terrace" in honour of the

37

Governor General whose aides-de-camp used at least one of the buildings as a residence. For a brief period around 1849 the celebrated Casimir Gzowski (later knighted) was a tenant in one of Hays' Metcalfe Terrace houses while working as chief engineer on the St. Lawrence and Atlantic Railroad and then consulting engineer for the harbour works in Montreal.

Moses Judah Hays began his career as a military engineer and later became owner of the Montreal Water Works. One of the first Jews to hold public office - as Judge in the Court of Special Sessions during the civic crisis in 1836, and later as Chief of Police - he was a universally respected citizen at a period when antagonism among Montreal's races and religions cost the city the political leadership of the two Canadas.

Vers 1840, le capitaine Moses Judah Hays commença la construction d'une remarquable rangée de quatre demeures, faisant face au sommet de la montagne sur le chemin de la Côte St-Antoine. Ces maisons étaient situées sur de longs lots agricoles qui se prolongeaient vers le bas de la colline. Nous avons la chance que deux de ces maisons aient survécu car il s'agit du premier exemple de design multiple à Westmount. Lorsque l'ensemble fut terminé, on l'appela "Metcalfe Terrace" en l'honneur du gouverneur-général dont les aides de camp habitèrent au moins l'une de ces maisons. Pour une courte période, vers 1849, le fameux Casimir Gzowski (par la suite nommé Chevalier) loua l'une des maisons de Metcalfe Terrace pendant qu'il occupait le poste d'ingénieur en chef de la ligne de chemin de fer "St. Lawrence & Atlantic" et plus tard, celui d'ingénieur-conseil au port de Montréal.

Moses Judah Hays débuta sa carrière à titre d'ingénieur militaire et par la suite, il devint propriétaire du Service des eaux de Montréal. L'un des premiers juifs à occuper un poste de fonctionnaire (il était juge à la Cour des séances spéciales pendant les événements de 1836 et par la suite, il devint chef de la police), il était un citoyen universellement respecté à une période où l'antagonisme entre les races et les religions à Montréal, coûta à la ville la direction politique des deux Canadas. Alors qu'il résidait au No 168 Metcalfe Terrace, le Capitaine Hays qui avait plus d'une corde à son arc, était également président de la Société agricole du comté de Montréal. L'auteur d'un journal de l'époque signale "nous allons à la ferme des Hays pour dîner" et, effectivement, ces maisons se dressaient sur des terrains des plus fertiles.

35   Une petite grange et une remise en bois existent encore sur la propriété au 178 chemin de la Côte St-Antoine. La maison est en pierre locale brune, comme à l'origine, à deux étages, dotée d'un toit à quatres pans; elle comporte une cheminée centrale et ses fenêtres sont pourvues de larges encadrements. La cuisine, au sous-sol, est encore en service. Même la clôture en treillis de

When he lived in 168 Metcalfe Terrace the versatile Captain Hays was also President of the County of Montreal Agricultural Society! A contemporary family diarist notes ''to Hays' farm for dinner'' and, of course, the houses were indeed set in fine farm land.

35   A small wooden barn and coach house still stand in the grounds of 178 Côte St. Antoine Road. The house displays the original two-storey brown fieldstone structure with shallow hip roof, central chimney and heavy wooden window frames. The basement kitchen is still in use. Even the criss-cross fence is nearly a century old, thanks to the excellent care of the third generation of one family which has owned it since 1884.

The contrast in shape between this house and its charming neighbour is emphasized by the yellow stucco surface
36   and the cheerful green trim of No. 168. A third storey has been added with dormers in a bell-cast mansard roof. The house is fortunate also in having had one family as owners since 1904.

Close by, along the Côte St. Antoine Road, William Murray of the Beaver Steamship Line bought the Leduc farm in 1849. He built a large house there and called it ''West Mount''. Later his son, Alexander Murray, built another house on the same level of the hillside, using one of the Indian wells for the household water supply.

The houses were demolished after the municipality bought forty-six acres of the land in 1930. Now tennis courts
37   and a pavilion mark the site of ''West Mount'' and the only visible trace of the
38   Murray estate is part of an avenue of maples which lined the approach to the main house. Ancient apple trees, however, descendants of the Leduc farm trees of an earlier era, still flourish nearby at the foot of the slope, and in a garden at the top of Murray Avenue there is a well which into this century gave forth a gushing stream, a favourite noontime spot for carters and their horses.

bois date de près d'un siècle, grâce aux excellents soins que lui prodigue la troisième génération de la famille qui acheta cette demeure en 1884.

Le contraste entre cette demeure et sa charmante voisine est souligné par le revêtement en stuc jaune et les gaies
36   garnitures vertes du No 168. L'on y a ajouté un troisième étage, au toit en mansarde en forme de cloche. Cette

38

demeure est également entre les mains de la même famille depuis 1904.

Le long du chemin de la Côte St-Antoine, William Murray de la ''Beaver Steamship Line'' acquit en 1849 la ferme Leduc située tout à côté. Il y construisit une vaste résidence qu'il surnomma ''West Mount''. Plus tard, son fils bâtit, au même niveau sur la colline, une autre maison, se servant de l'un des puits indiens pour approvisionner cette maison en eau potable.

Ces maisons furent démolies lorsque la municipalité acheta quarante-six acres
37   de terrain en 1930. Aujourd'hui, des courts de tennis et un pavillon marquent l'emplacement de ''West Mount'' et la seule trace visible de la
38   propriété Murray est la section d'une avenue d'érables qui longeait l'allée menant à la maison principale. Toutefois, d'anciens pommiers, descendants des arbres de la ferme Leduc, florissent encore au pied de la pente et dans un jardin au sommet de l'avenue Murray, on trouve un puits qui, jusqu'au 20ème siècle créait un ruisseau bouillonnant et constituait un lieu idéal de rencontre pour les charretiers et leurs chevaux à l'heure du midi.

38. Murray Park, avenue to former ''West-Mount'' / avenue menant à l'ancien ''West-Mount'', 1929

39A. *370 Lansdowne Ave., pre 1879*

39. *"Hazelhead" 364 Metcalfe Ave.,*
    c. 1865

40. *354 Côte St. Antoine, 1886*

39A

39

CHAPTER II
CHAPITRE II

40

TRANSITIONS

TRANSITIONS

The opening of the Victoria Bridge in 1860 marked a surge of commercial activity for the port of Montreal which now ranked second in importance after New York in quantity of goods handled along the eastern seaboard. Population in the city grew quickly and Westmount, along with other suburban areas close to Montreal city limits, began to feel the pressure of a migration out of the cramped city core towards greener spaces and cheaper land. Westmount drew particular attention from those looking for a 'picturesque' location, fine views and healthy country air.

A mixed development began to evolve. Farmhouses were still being built on smaller farm lots, often producing a specialized crop - melons, apples, market garden produce. At the same time urban homes, large and small, were springing up along established street lines and on the driveways of the old estates. Since the division between urban and rural homes has always been less sharp in Canada than elsewhere, many of these new city houses would have looked equally at home in the countryside.

The result was a look, part urban part rural, which set the pattern for much of Westmount's later development.

The houses themselves display a striking variety of styles and materials - a reflection of the romantic individualism of nineteenth century architecture which was remarkable for reviving so many styles at the same time. Most of these were known to builders and the general public through pattern books which offered an illustrated guide complete with house plans and general advice on a broad range of building ideas.

38   One of the earliest of these country houses "Hazelhead" still stands at 364 Metcalfe. It was once owned (but not lived in) by Sir George Stephen, later Lord Mount Stephen, Chairman of theCPR. It is reputed to have been on a melon farm. The brick has been stuccoed over and the elaborate bargeboard detail was stripped in the 1890's, but the picturesque massing of the varying roof lines and the generous

L'ouverture en 1860 du Pont Victoria marque le début de l'activité commerciale du port de Montréal lequel, à cette époque, se situait au deuxième rang par son importance, après New York, pour tout l'est du continent nord-americain. La population de la ville augmentait rapidement et Westmount, comme les autres banlieues situées près de Montréal, devint progressivement la destination d'une migration provenant du centre ville surpeuplé vers des espaces plus verdoyants et des terrains moins onéreux. Westmount attirait particulièrement l'attention de ceux qui étaient à la recherche de lieux pittoresques, de belles vues et d'air pur.

Il s'ensuivit, dans Westmount, une utilisation du type ''mixte''. On construisait encore des fermes sur les petits lots et, souvent, ces fermes produisaient des récoltes spécialisées, notamment des melons, des pommes et des légumes. Simultanément, des habitations urbaines, petites et grandes, apparaissaient le long des rues existantes et des allées des anciennes propriétés. Comme la différence entre l'habitation urbaine et rurale a toujours été moins marquée au Canada qu'ailleurs, un grand nombre de ces nouvelles demeures urbaines auraient pu aussi bien s'harmoniser à un milieu campagnard. Il en résulte un aspect mi-urbain, mi-rural qui constituera un modèle pour une grande partie du développement ultérieur de Westmount.

Les maisons de cette époque sont de styles et de matériaux variés et présentent un reflet de l'individualité romantique de l'architecture du 19ème siècle, remarquable par le fait qu'elle recréait simultanément un nombre considérable de styles. Ceux-ci étaient illustrés dans divers livres de maisons modèles qui offraient aux entrepreneurs et au grand public non seulement un ensemble de plans et d'illustrations de bâtiments, mais également toutes sortes de conseils et d'idées ayant trait au domaine de la construction. Une de ces premières maisons de campagne, la

38 maison ''Hazelhead'', existe toujours au 364 Metcalfe. Elle était la propriété

front porch retain the comfortable look of a Victorian country villa.

39   Further west at 370 Lansdowne is a miniature survivor of rural Côte St. Antoine. Serene in its large garden, it is the only house in the district to be built of featheredge clapboard. The house has a pair of french doors facing the street, but inside country features include vertical pine boards for kitchen

41

walls and a generous square upstairs landing. At the junction of Arlington Lane and Côte St. Antoine Road stands

40 another country-style home on land that was once part of the estate of Sir George-Etienne Cartier.

   A new element now entered architecture from the current revival of interest in the 'Gothic' style. John Ruskin, the English writer and influential art critic, ardently favoured the style which he felt had developed from the labour of men happy in their

de Sir George Stephen, qui devint par la suite Lord Mount Stephen, Président du CP. Ce dernier n'y a en fait jamais vécu. On pense qu'il s'agissait peut-être d'une ferme productrice de melons. Les briques y sont revêtues de stuc et les bordures élaborées des pignons furent enlevées pendant les années 1890, mais la masse pittoresque des toits de différentes hauteurs, ainsi que le porche principal, à envergure généreuse, conservent à ce bâtiment l'apparence confortable d'une maison de campagne.

39   Continuant vers l'ouest, au 370 Lansdowne, se dresse une ''miniature'', survivante du village de Côte St-Antoine. Serène au fond de son grand jardin, elle est la seule habitation du quartier à être construite en bardeaux taillés en biseau. Deux portes-fenêtres font face à la rue mais à l'intérieur, on y trouve certains éléments rustiques, notamment des cloisons de planches de pin, posées verticalement, faisant office de murs de cuisine ainsi qu'un palier carré au premier, de dimensions généreuses. A l'angle d''Arlington

40 Lane'' et du chemin de la Côte st-Antoine se dresse une autre habitation de style rural, sur un terrain qui faisait préalablement partie de la propriété de Sir George-Etienne Cartier.

   Un nouvel élément fit son apparition en architecture: un surprenant renouveau d'intérêt vis-à-vis du style gothique. John Ruskin, auteur anglais et critique d'art bien connu favorisait avec enthousiasme le style qu'il estimait résulter du labeur d'hommes qui aimaient leur travail et qui étaient fiers de leur dextérité personnelle. Ruskin estimait que cet idéal était menacé par l'emploi croissant de machines. Le style néo-gothique représentait donc la valorisation d'une réalisation morale et sociale qui fit vibrer une corde sensible dans le coeur de nombreux américains. Des habitations style ''Église Gothique'', ornées de décorations religieuses, firent leur apparition partout au Canada et elles s'adaptaient particulièrement bien au calcaire gris dont on se servait dans la région de Montréal.

   Il y a à Westmount deux exemples parfaits de ce genre d'habitation; tous deux construits de matériaux

work and able to express their pride through individual craftsmanship - an ideal Ruskin feared was threatened by the increasing use of machines. The Gothic revival had therefore a sense of moral and social purpose which struck a responsive chord in the hearts of many North Americans. Homes in 'Church Gothic' with suitable ecclesiastical trim appeared all over Canada and were

semblables, c'est-à-dire de pierre calcaire locale au fini grossier ou lisse selon le cas; la plus ancienne a des *41* décorations gothiques assez sobres, des garnitures de pierre ''en larme'' autour des fenêtres, et une entrée, surmontée d'un appentis semblable à celles que l'on trouve dans les cimetières ruraux de *42* Grande-Bretagne. La deuxième maison *43* est située dans une allée de l'ancienne

42. *Doorway of/porte du 6 Weredale Park*
43. *6 Weredale Park, 1877, arch. John James Browne*

42

43

particularly well adapted to building in grey Montreal limestone.

Two fine examples exist in Westmount. Both use similar materials, rough cut and smooth *41* dressed Montreal greystone. The earlier of the two is sterner in its Gothic detail, with stone 'teardrop' mouldings around the windows and a lych-gate entrance similar to those of English country *42* churchyards. The second house is on *43* the driveway of the old Weredale estate and was built for John Philip Seybold, a hardware merchant.

Two other building trends derived from styles developed in France and in the United States. The French 'Beaux Arts' style retained a classical balance mixed freely with elements of French Renaissance and Baroque decoration. American architects, on the other hand, were finding inspiration in the simple homes of early New England settlers. From these sea coast homes and farmhouses a new style developed. Houses were hung with shingles and often outlined on their facades with a

propriété Weredale et fut bâtie par John Philip Seybold, quincailler.

On peut également observer deux tendances de construction qui avaient leur origine dans des styles développés en France et aux Etats-Unis. Le style ''Beaux-Arts'' français conservait un équilibre classique et les décorations se mariaient à des éléments de styles renaissance française et baroque. Par ailleurs, les architectes américains trouvaient leur inspiration dans la simplicité des habitations des premiers colons de la Nouvelle-Angleterre. Un nouveau style s'élabora à partir des demeures et des fermes côtières. On revêtit les murs de bardeaux et le motif dessiné à la façade reflétait souvent la construction intérieure.

44

'stick' pattern reflecting interior construction.

These styles, freely translated, appear in two remarkable houses along the Côte St. Antoine Road. Both are amply built of brick with wood trim. Both are basically symmetrical in shape with balanced facades topped by a central tower. 'Riverview', built for William

Ces styles, librement interprétés, peuvent être décelés dans deux remarquables habitations au chemin de la Côte St-Antoine. Toutes deux faites de brique et décorées de bois, elles sont de forme symétrique et la façade régulière de chacune d'elles est surmontée d'une tour centrale.

44 "Riverview", résidence bâtie par

45

46

45 Simpson of the Bank of Commerce, is
46 closer to the American 'stick' style and
has a broad verandah carried around
three sides of the house. The fourth
side, at the back, contains an earlier,
eighteenth century Hurtubise family
47 house. Number 649 Côte St. Antoine

45 William Simpson de la Banque de
46 Commerce, tire plutôt son origine du
style américain et comporte sur trois
côtés, une grande véranda.

Le quatrième mur, dans la partie
arrière, faisait autrefois partie d'une
ancienne habitation familiale Hurtubise

47

48

48 displays its French heritage in its high, three-storey facade with a pillared porch entrance, curved mansard roof and rounded windows framed with miniature Ionic pillars.

Richard Warminton, for whom Number 649 was built, had sold plumbing and gas equipment on King Street in Montreal since 1851. He served on Westmount's first Village Council light committee in 1878 when street lights numbered about twenty, "not to be lighted in winter". By 1885 annual expenditures for this service - coal oil, lamps, and lamp chimneys - amounted to $820.00, and a lamplighter made his rounds for $8.00 a week. Other Municipal expenses that year consisted of $732.00 for administration, $670.00 for police and $2,700.00 for roads, for a population of about one thousand, indicating how much the area was still a village in spite of the grandeur of many of its new homes.

du 18ème siècle (voir chapitre I). Le

47
48 numéro 649 Côte St-Antoine trahit son héritage français par sa haute façade à trois étages, par son porche à colonnes, par son toit courbé en mansarde et ses fenêtres arrondies, encadrées de colonnes miniatures de style ionique. Le propriétaire de cette habitation, Richard Warminton, tenait un commerce d'équipement de plomberie et de gaz et il était établi sur la rue King à Montréal depuis 1851. En 1878, il siégea au sein du comité de l'éclairage du premier Conseil municipal de Westmount, alors qu'il y avait environ vingt réverbères dans les rues de Westmount, "et on ne les allumait pas en hiver". En 1885, les dépenses annuelles s'appliquant à ce service étaient de l'ordre de $820.00 pour le pétrole, les lampes et les verres des lampes. Pour une rémunération de $8 par semaine, un allumeur de réverbères faisait une tournée quotidienne. Les

49

49   Another villa of this period was built for George Maybank, owner of the St. Vincent Hotel in Montreal. The house combines unexpected elements, a facade of yellow and red brick, graceful ironwork and window hoods with projecting carved and patterned wood sides. George Quiggan, the owner of

50   another large villa of mixed classical and gothic styles, was 'superintendent of sidewalks' on the first Village Council. In 1874 sidewalks were of pine or hemlock, three inches thick. A four-plank width would measure 43 inches while a three planker would be 32 inches wide. Streets merited different sizes. Clarke, for instance, was worth three planks, while Elm was given only two of ''any old planks suitable for the purpose''! Today Mr. Quiggan's house looks onto a smooth sidewalk with space for grass and trees beside the road.

autres dépenses municipales pour la même année s'élevaient à $732 pour l'administration; $670 pour la police; $2,700 en frais d'entretien des routes, pour une population d'environ mille personnes, ce qui indique que le quartier était encore un village malgré le style grandiose d'un grand nombre de ses résidences.

49   La demeure érigée à cette époque sur l'avenue Kensington appartenait à George Maybank, propriétaire de l'Hôtel St. Vincent à Montréal. Cette résidence a une façade composée de brique de couleurs jaune et rouge et inclut des éléments en fer forgé et en fonte, ainsi que des abris de fenêtres en pointe, aux parois ouvragées, ce qui produit une combinaison d'éléments plutôt inattendue. La maison de l'avenue Rosemount combine

50   également plusieurs styles - fenêtres classiques au sommet arrondi, pignons gothiques en pointe - et le résultat est réellement original et harmonieux.

50

As land prices rose, the semi-detached house occupying a smaller lot became increasingly popular. Five examples are shown here, the earliest from over a hundred years ago. A pair

51 on Olivier Avenue was built on church property bought from the Grey Nuns Congregation. No records exist however before the first valuation roll of the city in 1878, when one of the tenants was Matthew Hutchinson, Professor of Law at McGill University who became Mayor of Westmount in 1891. The houses, sheltered by projecting bays at either end, are set well back from the street behind lawns and flower gardens. Their charm was recognized by architect Robert Findlay who lived at Number 343 for several years before building his own pair of houses on Lansdowne Avenue.

52 The double house on Abbott Avenue has a similar country air. Entrances are shaded by a generous verandah with delicately turned wood arches and balustrades. Both houses have retained their original front doors and woodwork trim, even to the patterned steps.

More elaborate and complex is a

53 double house from the 1890's. It has an urban character with its stone facades and unusual two-sided bay windows. Elaborate ''Gothic'' wood trim decorates

54 another pair built a decade later, but none display more richly crafted detail than the three-storey houses designed by Robert Findlay on Lansdowne

55 Avenue. Findlay himself lived at Number 419 and lavished the facades with the delicate decorative work he loved. There are stuccoed panels in a raised relief design under the upper bay windows, and fine carved wood porches with Tudor arches and pierced detail, supporting patterned iron balconies above.

It was a pleasing habit of Victorian builders to incorporate stores into dwellings. In a small town the scale of shopping was modest, and the merchant working long hours could truly run a family business from his home. The two small stores illustrated here are the earliest surviving examples in their respective neighbourhoods.

56 The Pharmacy was formerly a double house with the shop door at the corner.

57 The Somerville corner store retains its original angled entrance topped by a

George Quiggan, le propriétaire, était le ''surintendant des trottoirs'' au premier Conseil Municipal. En 1874, les trottoirs étaient construits en pin ou en sapin du Canada, épais de trois pouces. Un trottoir de 4 planches mesurait 43 pouces, un trottoir de 3 planches, 32 pouces. Les rues ''valaient'' des dimensions différentes: l'avenue Clarke, par exemple, méritait 3 planches alors que l'avenue Elm n'avait droit qu'à deux et, de plus, elle se voyait octroyer ''n'importe quelles vieilles planches, pourvu qu'elles conviennent à cet usage''.

A mesure que les prix du terrain augmentaient, les maisons jumelées qui occupaient moins de terrain devinrent de plus en plus populaires. Cinq exemples sont ici illustrés, le premier datant de plus d'un siècle. Deux de ces

51 maisons sur l'avenue Olivier furent construites sur un terrain vendu par la Congrégation des Soeurs grises. Il n'existait cependant pas d'archives antérieures au premier rôle d'évaluation municipal en 1878, alors que l'un des locataires était Matthew Hutchinson, professeur de droit à McGill et plus tard, en 1891, maire de Westmount. Ces maisons très en recul par rapport à la rue, sont situées derrière des pelouses et des jardins fleuris et elles ont une saillie à forte projection à chacune des deux extrémités.

52 Les maisons jumelées de l'avenue Abbott ont également un aspect rustique du même genre. Les portes sont abritées par une grande veranda aux arches et aux balustrades en bois tourné, délicatement ouvragé. Ces deux habitations ont encore aujourd'hui leurs portes d'entrée et leurs décorations de bois originales.

53 Deux autres maisons jumelées des années 1890 ont un caractère urbain grâce à leur façade de pierre et leurs ''bay windows'' peu communes, surmontées de petits balcons. Une

54 autre maison jumelée, construite pendant la décennie suivante, est décorée d'éléments en bois, de style gothique, mais aucune d'elles n'a fait l'objet d'une finition plus élaborée que les résidences de trois étages conçues par

55 Robert Findlay sur l'avenue Lansdowne. Findlay lui-même occupa le 419 et orna les façades. Des panneaux de stuc, aux motifs en relief, placés sous les ''bay

51

52

carved and pillared balcony, a graceful focal point for the intersecting streets.

The earliest churches in Westmount were missions from Montreal churches and served a community which was becoming by the 1870's clearly Scottish and English in character. The Anglicans built first in 1875 on land given by the Raynes family of Forden on Côte St. Antoine Road. After worshipping for the first two years in a private house and then in the Presbyterian Mission School, the

windows'' de l'étage, et des portiques de bois composés d'arches dentelées de style Tudor supportent les balcons de fonte du premier étage.

Les bâtisseurs de l'époque victorienne avaient la bonne habitude d'incorporer des magasins dans leurs maisons. Dans cette petite ville, un commerçant qui oeuvrait pendant de longues heures était tout à fait capable d'exploiter une affaire familiale chez lui, à la maison. Les deux petits magasins illustrés ici sont les plus anciens

53

54

55

congregation moved into a little frame church, St. Matthias, which measured forty by twenty-five feet and had seating for one hundred and twenty. Subsequently enlarged, it was later out grown and replaced by the present stone building in 1912.

58

While St. Matthias served Anglicans in the centre of Westmount, the growth of Montreal in the 1880's brought so many people out to the new, young municipality that a second church was built in the east end of the town in 1892

exemples qui ont survécu dans leur quartier respectif. La pharmacie était à l'origine une maison jumelée, la porte du magasin étant située dans un coin.

56

57

Le magasin situé l'angle de Somerville à conservé sa porte originale surmontée d'un balcon sculpté à colonnes qui constitue un centre d'intérêt gracieux à ce carrefour.

Parmi les premières églises de Westmount, on trouve l'Eglise anglicane bâtie en 1875 sur un terrain offert par la famille Raynes. Après avoir

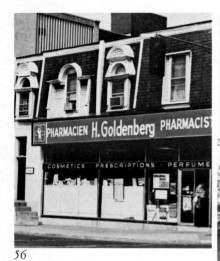

56

57

for Anglicans of High Church
persuasion. Known first as the "Chapel
59 of Ease", it was soon called the Church
of the Advent, and under this name it
has had the longest existence of any
congregation in one Westmount
building. For its modest size this
church presents a rich variety of
decoration, from the entrance, through
the gable, up to the open pattern of the
bell tower.

Also close to Greene Avenue, the
Grace Baptist congregation built their
60 first church at Olivier and de
Maisonneuve in 1893. The corner
location is marked by two street facades
of plain red brick with clearly patterned
window openings of varying sizes.

The Presbyterians in early
Westmount worshipped in the Mission

célébré pendant deux années leurs
services religieux dans une maison
privée et ensuite à l'école de la mission
presbytérienne, les membres de la
congrégation occupèrent une petite
58 église en bois, l'Eglise St. Matthias, qui
mesurait 40 pieds de long, 25 pieds de
large et qui pouvait recevoir 120 fidèles.
Agrandie plus tard, la capacité de cette
église fut encore dépassée et elle dut
être remplacée en 1912 par l'actuel
édifice en pierre.

Les années 1880 produisit un tel
mouvement démographique vers
Westmount, qu'une deuxième église
fut érigée en 1892 à l'extrémité est du
quartier, pour les Anglicans de
confession "High Church". D'abord
59 surnommée "Chapel of Ease", elle fut
plus tard nommée Church of the
Advent et sous ce nom, se maintint

58. *St. Matthias, Côte St. Antoine at / et Churchill, 1912, arch. Ross & Macfarlane*

59. *Church of the Advent, 4119 de Maisonneuve Ave., 1892-5*

60. *Bethel Gospel Chapel, formerly / anciennement Grace Baptist, 4250 de Maisonneuve, 1893*

61. *Serbian Orthodox Church, formerly / anciennement Melville Presbyterian, 349 Melville Ave, 1900, arch. Edward Maxwell*

58

59

60

61

62. 47-9 Thornhill Ave., 1894,
b. Walter Wardle

63. 344 Metcalfe Ave., 1888

62

School from 1869 until 1886 when a frame church was erected at Stanton Street and Côte St. Antoine Road. The church was named Melville. When a dispute arose over the consumption of alcohol, the "dry" members took the Melville name to a new site on a new street, while the "wets" stayed on the original spot and took the name St. Andrews. Their frame building was replaced by a brick building in 1904, but this burned down in 1961 so that the present building is the third on the original site.

61 Melville Presbyterian Church, designed by Edward Maxwell, a leading Montreal architect who also lived in Westmount, has the low massing and sturdy tower of a medieval English country church. The effect is enhanced by its location beside Westmount Park where its outline can be viewed, as from a village green, across the open spaces of the park. With the arrival of the church and its prestigious congregation, the name of the street was changed in its honour.

After an economic slump which began in the late 1870's Westmount began to grow again in the late 1880's. A buoyant optimism expressed itself in a riot of carved and decorated home facades. Their shapes swelled with porches and verandahs, bays and turrets, and their rooflines dipped and rose to accomodate a variety of house plans.

Rare at this late date are the frame
62 houses on Thornhill. The detail shows the complex patterns introduced on the wood surfaces. Wood is used liberally as a trim on three other houses, all of
63 brick. The large Metcalfe Avenue home is framed by a graceful screen of porches with broad arches fanning out from slender posts and culminating in a sunburst high in the peaked gable. A
64 smaller version of this motif appears on another house as part of a neater, tighter design. High up on the gable of a house on Stayner Street there is the
65 surprise of a Canadian motif of beaver and maple leaves..

dans un même immeuble plus longtemps que toute autre congrégation de Westmount. Malgré ses dimensions modestes, cette église présente une grande diversité de décorations, du portail jusqu'au pignon et aux découpures du clocher.

Egalement à proximité de l'avenue Greene, la première congrégation "Grace Baptist" érigea, en 1893, une
60 église à l'angle de l'avenue Olivier et du boulevard de Maisonneuve. L'architecte, qui reste inconnu, utilisa l'emplacement à l'angle des deux rues pour faire valoir les deux façades en brique par un jeu de fenêtres de dimensions variées.

En 1886, les Presbytériens de Westmount bâtirent une église en bois, l'Eglise Melville, à l'angle de la rue Stanton et du chemin de la Côte St. Antoine. A la suite d'une dispute concernant la consommation d'alcool, les tenants de la non consommation baptisèrent une nouvelle église située ailleurs Melville alors que ceux qui restaient favorables à son usage, gardèrent l'emplacement original qu'ils surnommèrent St. Andrews et nous en sommes maintenant au troisième bâtiment sur l'emplacement original.

61 L'église presbytérienne Melville, conçue par Edward Maxwell, architecte renommé de Montréal qui résidait également à Westmount présente l'aspect massif et le clocher robuste des églises rurales anglaises du moyen-âge. La présence de l'église et de sa prestigieuse congrégation motiva la municipalité à changer le nom de la rue en son honneur.

A la suite de la stagnation économique qui débuta à la fin des années 1870, la construction reprit son essor vers la fin des année 1880. Un allègre optimisme s'exprima par une profusion de façades résidentielles sculptées et généreusement décorées.

L'on peut observer un exemple de toits de hauteur diversifiées dans une
62 maison en bois située sur l'avenue Thornhill.

Trois autres habitations entièrement faites de brique sont agrémentées d'éléments en bois. La spacieuse
63 résidence située sur l'avenue Metcalfe est encadrée d'un gracieux écran de portiques aux grandes arches qui s'étendent en éventail à partir de minces colonnes de bois culminant dans

66 Early in this century homes were still being built in Westmount as 'summer places' for families whose main residence was in Montreal. One former 'summer house', built on a steeply sloping site close to the crest of the mountain has broad verandahs stretching outwards at every level. Access to the house was originally from the coach house on the street below up a 67 long wooden stairway, still intact, to the front door. Only functional through the summer months, the stairway lies buried in snow throughout the winter.

The currently fashionable American 'shingle' style gave an air of summer and the countryside even to year-round 68 homes like 474 Mount Pleasant. This was a dower house. One father, Mr. Reekie, gave the land, and the other, J.K. Ward a lumber merchant and former Mayor, built the house. The compact plans of earlier houses in this style had now expanded, in an astonishingly free and imaginative way, aimed at providing the utmost in comfort and the fullest enjoyment of the view from all sides.

By the end of the 1890's land was fetching high prices and few could afford the luxury of a large lot on which to build. Single homes were being built on narrower lots all over Westmount. 69 One facade combines a stepped Flemish gable with a delicately carved Gothic 70 doorway. Another uses an extraordinary variety of windows and 71 door shapes. A third makes use of Scotch fire brick for the entire facade including ornamental patterns around the doors and windows and in the gable pediments. This is 'builder's architecture', reflecting a seemingly inexhaustible fund of individual variation which gives Westmount streets their wonderfully diverse landscape.

Perhaps nothing conveys the transition from rural to urban living as much as the barns and coach houses which still stand on many Westmount lots. They are of wood, brick and stone and come in many shapes, from the great barn of the Hurtubise farm to a 72 stone coach-house with a unique two-storey tower like that of an old castle keep. Most coach-houses have long since been converted into garages.

le pignon en pointe. On peut observer 64 le même motif, à une moindre échelle sur l'habitation de l'avenue du Prince Albert. Au sommet du pignon de la 65 maison située sur la rue Stayner, on est étonné de retrouver le motif canadien du castor et des feuilles d'érable.

Au début du vingtième siècle, on construisait encore à Westmount des maisons de campagne pour les familles dont la résidence principale était à Montréal. C'est le cas pour la demeure 66 située au 42-46 Summit Circle. Erigée sur la raide pente du sommet de la montagne, cette maison est dotée de vastes vérandas à tous les étages. Un 67 long escalier de bois, intact aujourd'hui encore, reliait la remise située en contrebas, au niveau de la rue, à la porte d'entrée et donnait ainsi accès à la maison. Cet escalier, dont on ne peut se servir qu'en été, est enseveli sous la neige pendant tout l'hiver.

L'architecture de style américain ''à bardeaux'', alors très en vogue, donnait un air estival rustique même aux résidences urbaines comme, par 68 exemple, le 474 Mount Pleasant. Les plans compacts conçus préalablement pour des maisons de ce style étaient maintenant bien plus élaborés, ainsi que l'on peut voir ici; créés dans le cadre d'un esprit affranchi et imaginatif, ils visaient à offrir un maximum de confort et une superbe vue dans toutes les directions.

A la fin des années 1890, la valeur de la terre avait beaucoup augmenté et peu de personnes pouvaient se permettre le luxe d'acheter un grand terrain sur lequel construire leur maison. Dans le quartier de Westmount, les pavillons étaient bâtis sur des lots plus étroits qu'auparavant. La façade d'une maison 69 combinait un pignon en escalier, d'inspiration flamande, avec une porte gothique délicatement sculptée. Dans 70 une autre façade, le constructeur utilisa différentes formes de fenêtres et portes.

71 Toute la façade d'une troisième habitation fut revêtue de briques réfractaires écossaises, y compris les motifs décoratifs autour des portes et des fenêtres et les frontons du pignon. Il s'agit là d'une ''architecture de bâtisseurs'' qui reflète une capacité inépuisable de variété et qui donne aux rues de Westmount leurs paysages diversifiés.

66

67

68

69. *4270 de Maisonneuve Blvd.,*
   1899, b. Placide Delaurier

70. *455 Elm Ave., 1895, b. Adolphe*
   Lebeau

71. *4547-9 Sherbrooke St., 1907*

69

71

73 One, over a hundred years old, has been modernised thus, but retains its original ventilator and 'Gothic' bargeboard trim in its peaked gables. Another illustrates a stable left in its
74 original state, with the entrance to the hay loft intact above the old wooden doors.

Between Westmount's first clusters of houses, little villages within a larger village, farms and market gardens still took up much of the space. Fences were often neglected and there were constant calls for the enforcement of the by-law forbidding cattle to graze on the highways. In winter tobogganning on the steepest streets brought hordes of merrymakers out from Montreal. The Tuque Bleue Club was granted permission by Council to build its toboggan runs over bridges on Sherbrooke Street and irate residents had to detour through the fields. With the Montreal Amateur Athletic Association on the former Hallowell land and the St. George's Snow Shoe Club high on the hill, Westmount in the late 1880's was a place for organized recreation as well as the serious occupation of farming.

During the last decade of Victoria's reign Westmount built its first town hall and fire station and a grand new Academy to house six hundred students. Two Protestant elementary schools were established and the first English Catholic school, St. Paul's; but the children walking from busy St. Catherine Street to King's School - now 4800 de Maisonneuve - could meander through orchards and hayfields, and in the year when electric streetcar service began, eleven stray cattle and seven horses were impounded by the municipality during the month of October. At the turn of the century Westmount was still a town of macadamized roads and wooden sidewalks.

Rien n'exprime la transition de la vie rurale à la vie urbaine plus facilement que les granges et les remises qui existent encore sur un grand nombre de terrains de Westmount. On en découvre de toutes sortes à partir de la vaste grange de la ferme Hurtubise, jusqu'à la remise en pierre agrémentée
72 d'une tour unique à deux étages comme celle d'un ancien donjon. La majorité des remises ont depuis longtemps été converties en garages. L'une d'elles,
73 qui date de plus de cent ans a conservé la grille du ventilateur de toit originale ainsi que les ornements de style gothique qui agrémentent la bordure du pignon. On peut également voir
74 une étable dans son état original, dont la porte d'entrée au grenier à foin est intacte, au-dessus des vieilles portes.

Parmi les premiers groupes de maisons de Westmount formant, en quelque sorte, de petits villages au sein d'une petite ville, les fermes et les potagers occupaient encore beaucoup de place. Les clôtures étaient souvent négligées et l'on demandait constamment à la municipalité de faire respecter le règlement interdisant au bétail de brouter sur les routes. En hiver, les lugeurs montréalais se précipitaient vers les rues aux pentes les plus raides. Le Club ''Tuque Bleue'' obtint la permission du Conseil d'aménager des pistes de luge qui passaient sur les ponts de la rue Sherbrooke et les résidents courroucés durent faire un détour à travers les champs.

Pendant la dernière décennie du règne de la reine Victoria, Westmount construisit le premier hôtel de ville et poste d'incendie ainsi qu'une nouvelle et vaste école qui pouvait accueillir six cents élèves. On fonda deux écoles élémentaires protestantes et la première école anglaise catholique, ''St. Paul's'' mais les enfants qui se rendaient à pied de la rue Ste-Catherine à la ''King's School'' pouvaient se promener dans les vergers et dans les champs et, pendant l'année où fut mis en oeuvre le service de tramway électrique, onze boeufs et sept chevaux furent emmenés en fourrière par la municipalité au cours de mois d'octobre. Au début du 20ème siècle, Westmount était encore une ville de rues macadamisées et de trottoirs en bois.

72

73

74

75. *"The Towers" 4130-40*
    Dorchester Boulevard,
    c. 1880
76. *3129-41 St. Antoine St., 1898*

75

76

CHAPTER III
CHAPITRE III

TERRACES AND TURRETS

75 Westmount's first terrace was built soon
after the incorporation of the Village,
on narrow lots close to the Montreal
boundary. Friends warned Edward
Evans, the owner, that a terrace so far
out ''in the fields'' might prove
unattractive to tenants, but ''The
Towers'' was a successful venture. John
Rawson Gardiner, Mr. Evans' son-in-
law, who was the architect of St.
Stephen's church, later duplexed each

TERRACES₁ ET TOURELLES

75 La première terrace fut construite peu
de temps après la constitution du village
en corporation, sur des lots étroits, à la
limite entre Westmount et Montréal.
Bien que de nombreux amis aient averti
Edward Evans, le propriétaire, qu'une

1. Le terme ''terrace'' s'applique ici à un ensemble
d'habitations groupées en rangée, généralement bâties
sur une même trame le long d'une rue et souvent
d'architecture répétitive. Ces ensembles étaient en
général construits par un seul propriétaire promoteur
immobilier.

of the three and a half storey houses, but retained the marble fireplaces, elaborate plaster work and spiral staircases with niches for statuary. The third generation of the family still lives in The Towers a century later.

The builder made ingenious use of the land space. Six houses with narrow, many-windowed facades are angled to the street to provide maximum interior

78

space. Local limestone is used - small rock-faced stones with smooth cut stone as trim. High French mansard-roofed gables harbour peaked Gothic window hoods with bargeboard detail. The facades reflect an early version of a Montreal style associated with the work of Victor Bourgeau, Montreal's outstanding architect of the second half of the nineteenth century. The style recurs in a terrace of handsome triplex units, with the addition of a typical
76 Montreal component, the outside staircase.
77 The terrace as a unit for an entire street is seen in Blenheim Place. Fortunately, during eighty-five years no-one has painted over the original brick, but successive owners have expressed their fancy with brilliant 'doll's house' colours on the woodwork. The builder, Edward Riel, came to Canada from England where a street of unified design was an accepted form. After Riel's early death, his partner, Charles J. Brown, went on to become one of Westmount's most prolific and respected builders.
78 Lewis Avenue, parallel to Blenheim

terrace aussi lointaine ''dans les champs'' risquait de ne pas attirer de locataires, ''The Towers'' fut un projet couronné de succès. John Rawson Gardiner, le beau-fils de Monsieur Evans et l'architecte de l'Eglise St. Stephen, transforma plus tard ces résidences de trois étages et demi en duplexes, mais il conserva les cheminées de marbre, les ouvrages en plâtre et les escaliers en spirales, aux niches à sculptures. La troisième génération de cette famille vit encore aux ''Towers'' un siècle plus tard.

Le constructeur utilisa ingénieusement le terrain. Six maisons, aux façades étroites avec de nombreuses fenêtres, sont construites de biais par rapport à la rue afin que l'intérieur bénéficie d'un maximum d'espace. Il se servit de calcaire local, de petites pierres grossièrement taillées, agrémentées de garnitures de pierre lisse. La bordure ouvragée des hauts pignons en mansarde abrite la partie supérieure des fenêtres de style gothique. Les façades rappellent une ancienne version d'un style montréalais associé à l'oeuvre de Victor Bourgeau, illustre architecte montréalais de la fin du 19ème siècle. On retrouve ce style dans une élégante terrace de triplexes qui ont cet élément uniquement
76 montréalais, l'escalier extérieur.
77 A Blenheim Place, on retrouve la terrace à l'échelle d'une rue entière. Heureusement, pendant les 85 années de son existence, personne n'a jamais peint la brique originale mais les propriétaires successifs ont exprimé leur fantaisie à l'aide de garnitures en bois de couleurs vives style ''maison de poupée''. Le constructeur, Edward Riel, était originaire de Grande-Bretagne, où les rues de style uniforme constituaient une formule acceptée. Après le décès de Riel, son associé, Charles J. Brown devint l'un des constructeurs les plus féconds et les plus respectés de Westmount.

L'avenue Lewis, parallèle à Blenheim
78 Place et construite en partie par les mêmes constructeurs, est une courte rue qui semble se terminer dans le vide. L'avenue Lewis, ainsi que les rues avoisinantes, Abbott et Irvine, aboutissent en fait à la voie du Canadien Pacifique qui passe le long du

79. *Corner of Greene Ave. and St.*
   Catherine St. / angle de l'avenue
   Greene et de la rue St.
   Catherine, 1889

80. *4872-96 Sherbrooke St., 1899,*
   b. Octave Drouin

79

80

Place and partially developed by the same builders, is a short street which appears to end in mid-air. Lewis, and its neighbours to the east, Abbott and Irvine, do in fact end at the Canadian Pacific Railway line which runs along the top of Westmount's lower escarpment. The shape of this little cluster of short streets and useful lanes was determined by the curve of the tracks. Lots were sold as soon as the railway went through in 1889 and were built on immediately in what has been described as a 'mélange of Victorian decoration and habitant simplicity'.

Terraces with apartments in the upper floors were a development from the all-purpose store with living quarters above. One terrace in eastern Westmount was designed to serve two streets in the tradition of the old 'corner

79 store'. The shop at the extreme left in the photograph is occupied by Smithers, a shoe store owned and operated in this terrace by the same family since 1890. Another terrace adapted for commercial use appeared at the west end of the district after

80 Sherbrooke Street was finally extended linking both ends of Westmount. Here a fine grey stone terrace was designed with the pattern of its shallow angled bays repeated in the original shaped canopies over the shops.

Repetition did not imply monotony. Forms and materials were varied to provide facades of infinite variety. One group of houses is encased in an imposing series of wooden balconies

81 carried up three storeys high. The painter A.Y. Jackson lived at 69 Hallowell, the house in the centre, in

82 1912. An unusually high block of flats

83 consists of six four-storey units, with varied detail of stone, metal and wood to delight the viewer's eye at every level.

84 Another exceptionally fine cut stone terrace uses a repeated plan of alternating units. At such a late date this group of four three-storeyed houses could be called the last flourish of decorative greystone in the French style in Westmount.

sommet de l'escarpement inférieur de Westmount. La forme de ces courtes rues et ruelles fut déterminée par la courbe de la voie ferrée. On commença à y vendre des lots dès 1889, lorsque le réseau ferroviaire fut mis en service: les bâtiments que l'on y érigea alliaient dans leur décoration l'influence victorienne et la simplicité paysanne.

Les terraces comprenant des appartements aux étages supérieurs, constituaient l'évolution du magasin ''général'' avec l'appartement au premier étage. L'une des terrasses située à l'est de Westmount était conçue en vue de desservir deux rues dans la tradition de l'ancien ''petit magasin du

79 coin''. Le magasin à l'extrême gauche de la photo est occupé par le magasin de chaussures Smithers. Ce magasin a été exploité par la même famille depuis 1890. Une autre terrasse adaptée à un usage commercial fit son apparition à l'ouest du quartier, lorsque la rue

80 Sherbrooke fut finalement prolongée pour unir les deux extrémités de Westmount. On y construisit une élégante terrasse de pierre grise, dont les ''bay windows'' sont disposées de façon à donner à la façade un rythme des plus attrayants. Les auvents originaux surmontant les magasins répètent ce rythme.

Mais répétition ne veut pas nécessairement dire monotonie. Les formes et les matériaux variés permettaient la création de façades d'une variété infinie. Un groupe de maisons est ceint d'une imposante série de balcons en bois qui montent

81 jusqu'au troisième étage. Le peintre A.Y. Jackson résidait en 1912 au No 69, la maison du centre. Un immeuble d'appartements exceptionnellement

82 élevé comprend six unités de quatre

83 étages aux décorations variées en pierre, en métal et en bois; il enchante l'oeil à tous les niveaux. Une autre très belle

84 terrasse en pierre de taille située sur l'avenue Holton est composée d'unités qui se répètent en alternance. On pourrait décrire ce groupe de quatre maisons de trois étages comme étant la dernière floraison, à Westmount, de bâtiments en pierre grise décorative, de style français.

81

82. *21-39 Chesterfield Ave., 1898.*
b. Narcisse Nolin and/et
W. Gariepy

83. *Detail of/détail du 39*
Chesterfield Ave.

84. *41-47 Holton Ave., 1903, b.*
Alphonse Paquette

83

82

85

86

85. "The Denbigh" 4121-31 de
    Maisonneuve Blvd. 1896

86. 4258-70 Dorchester Blvd.,
    c. 1900

87. Detail of/détail de 4258-70
    Dorchester Blvd.

87

85 Westmount's earliest block of flats, ''The Denbigh'', a classic Montreal three-storey ''walk-up'', shows French influence in the shape of its roofline, the round-arched entrances and the general aspect of the ''corps de logis'' of a French château. The builder used several varieties of greystone to add interest to the handsome facade and placed the building's name in cut stone letters at the corner's edge.

86 87 Fine stonework is also a feature of a Dorchester Boulevard terrace, but its distinction lies in the decoration of the roofline. Made of tin, the castellated trimmings which are seen on other Montreal buildings of the period bear no design relationship with the buildings themselves. Born of some nostalgic fantasy, these roofline flourishes must have struck a responsive chord in many Victorian hearts. Fantasy 88 89 of another kind is displayed in a group of homes on Clarke Avenue marked by Moorish themes mixed with Gothic and medieval details.

During the 1880's and 90's terrace housing was increasingly influenced by a heterogeneous style generally referred to under the label of 'Queen Anne'. The name derived from the view that in Queen Anne's day in early eighteenth century England, architecture developed an unpretentious blend of styles - taken from Gothic churches, Tudor palaces, Flemish and Dutch town buildings and English country cottages - which could be adapted to people's needs in buildings both public and domestic.

85 L'un des premiers immeubles d'appartements à Westmount, le ''Denbigh'', immeuble montréalais classique de trois étages, sans ascenseur, fait preuve de l'influence française par la forme de sa toiture, ses portes aux arches circulaires ainsi que l'aspect général de ''corps de logis'' d'un château français. Le constructeur a utilisé plusieurs variétés de pierres grises qui rehaussent la beauté de la façade et il a fait sculpter dans un angle le nom de l'immeuble en lettres de pierre.

86 87 On peut également admirer la finesse de la maçonnerie dans une terrace située sur le boulevard Dorchester mais son originalité se situe surtout dans la décoration du toit. Fabriquées d'étain, ces garnitures crénelées que l'on retrouve sur d'autres édifices montréalais de l'époque n'ont aucun rapport avec le style des immeubles dont elles font partie. Tirant leur origine dans une fantaisie nostalgique, ces toitures devaient être très admirées pendant l'époque victorienne. Sur l'avenue Clarke, un autre groupe 88 89 d'habitations exprime une fantaisie différente: il s'agit ici de thèmes mauresques, combinés à des détails de finition de styles gothique et médiéval.

Pendant les années 1880 et 1890, le style hétérogène que l'on désignait généralement ''Queen Anne'' influait de plus en plus sur la terrace résidentielle. Ce nom provenait du fait qu'en Angleterre, pendant le règne de la reine Anne au début du 18ème siècle, l'architecture s'inspira, sans prétention, d'une variété de styles, copies des églises gothiques, des palais ''Tudor'', des immeubles urbains flamands et hollandais, ainsi que des pavillons rustiques anglais et pouvant s'adapter aux exigences de tous, aussi bien pour les édifices publics que résidentiels. Comme il n'y avait pas de formule ''idéale'' à suivre, les préférences et les fantaisies individuelles ne connaissaient aucune limite. Lors des décennies optimistes et aisées des années 1880 et 1890 à Montréal, ce style répondait parfaitement à l'enthousiasme manifesté lorsqu'il s'agissait d'essayer quelque chose de nouveau, pourvu que cette chose soit dynamique. La terrace qui constitue un parfait exemple de ce genre est une élégante composition de cinq

88

89

90. *4620-30 St. Catherine, 1897*

91. *426-8 Elm Ave., 1895-6*

Since there was no 'correct' formula to follow, individual preferences and fantasies could run riot. In the free-wheeling, optimistic decades of the 80's and 90's in Montreal, the style responded perfectly to a current readiness to try anything new provided it was lively and not insipid. One terrace is an urbane example of the genre, an elegant composition of five

90 habitations de brique, marquée des influences flamande et anglaise.

Pendant la période du style architectural "Queen Anne", pour être en vogue, il fallait que chaque maison d'une rangée fasse preuve d'individualité et que le paysage de la rue soit stimulant pour l'oeil. On retrouve une profusion de ces caractéristiques dans de nombreuses

90

90 brick homes showing mixed Flemish and English influences.

During the life of the 'Queen Anne' style, the concept grew that each row house should have a measure of individuality and the streetscape be a visually exciting experience. These qualities abound in many Westmount streets but reach their culmination in one short block on Elm Avenue. Single and paired terraced homes built close to the street line show an astounding range of design. One pair in fine cut grey

91 stone features trapezoid bays of Egyptian inspiration, while another has

92 pillared entrances topped by octagonal "Crusader" towers with windows and porches trimmed and shaped to continue the general motif. Two other houses with fine cut stone facades are

93 handled individually all the way up to the roofline, with one having a castellated finish and the other topped off with a shallow classical pediment.

rues de Westmount mais elles atteignent leur apogée à une courte section de l'avenue Elm. Les habitations, qu'elles soient jumelées ou non, sont construites près du trottoir et elles font preuve d'une impressionnante variété de styles. Deux de ces maisons, en belle pierre de taille ont des baies

91 trapézoidales d'inspiration égyptienne alors qu'une autre a des portes à colonnes, surmontées de tours

92 octogonales de style "croisade" avec des fenêtres et des porches décorés et façonnés de façon à reproduire ce motif. Deux autres maisons aux belles façades en pierre de taille font preuve d'individualité jusqu'à la toiture, l'une

93 d'elles ayant un toit à créneaux alors que l'autre est surmontée d'un fronton classique.

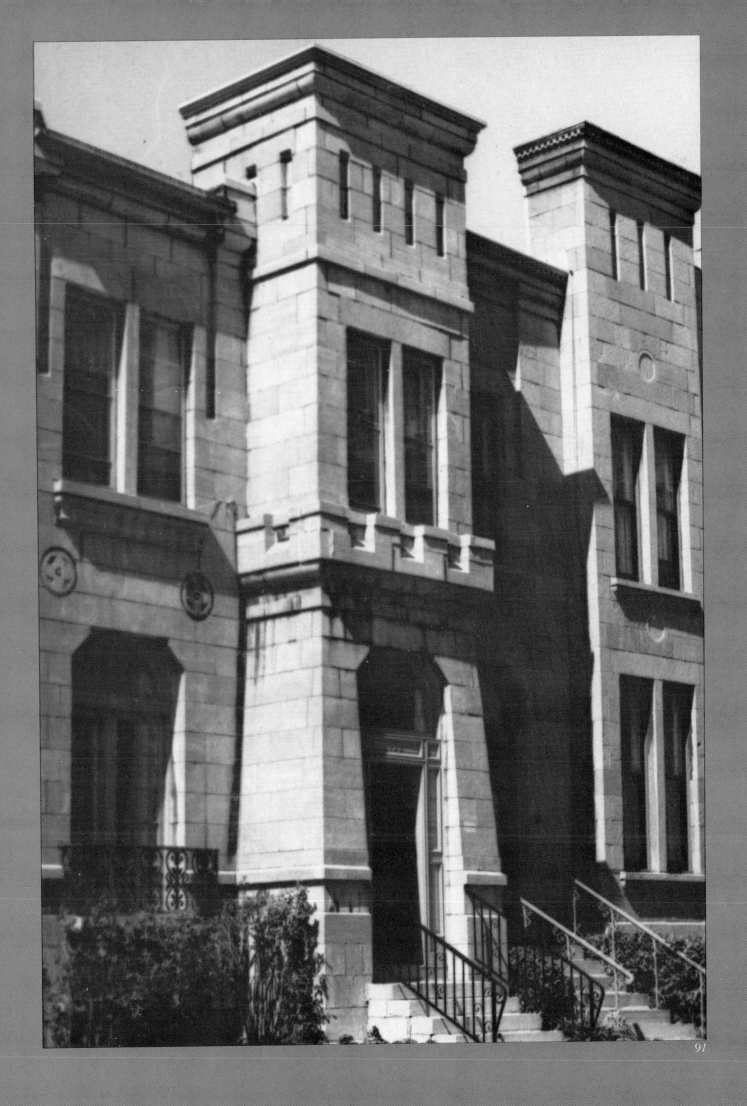

92. *493-5 Elm Ave., 1895*

93. *434-6 Elm Ave., 1895, 1893*
    b. Narcisse Nolin

93

92

94

95

96

Another popular vogue in building materials through the '80's and '90's was the use of coloured stone and brick in various combinations and contrasts. The trend had been growing for some years in England, fostered by the writings of John Ruskin who urged the use of colour to enrich the facades of northern homes and bring warmth to bleak city streets.

The theme was brought to Montreal by Andrew Taylor (later knighted), an architect who came from England in 1884. Taylor who taught Ecclesiastical architecture at McGill's Presbyterian College was a popular public speaker. In one speech he noted that until recently in the city, a grey cut limestone house had been considered "the sign of eminent respectability". It was time, he urged, for the introduction of colour into building through the use of the varied materials now available.

Several of these materials, brick and stone, are displayed on the same Elm Avenue block. They range in colour from red to buff and yellow, and came from Scotland, the maritimes and the 94 eastern United States. One pair of homes built of warm red sandstone is banded with a contrasting buff stone, the whole topped with a vigorous castellated flourish. A variation on the castellated trim edges the roofline of 95 another pair. The facades reverse the usual pattern, having smooth red stone for the main areas with rough cut blocks as decorative finish.

Corners exercised a fascination for builders and architects and added flourish and fashion to the angle of many a house and street. One 96 hexagonal corner tower is of red brick with a peaked roof of patterned slate. A round tower of red sandstone has small 97 dormer windows tucked into its cone- 98 shaped roof, and another round tower is banded and patterned to set it off from the brick facade. At the corner of a 99 terrace, a little shaped brick tower, no larger than a decorative finial, has been finished with care and sheds a benevolent aura like that of a medieval family insignia.

L'emploi de pierres colorées et de briques en combinaisons et contrastes variés était également en vogue pendant les années 1880 et 1890. Cette tendance était à la mode depuis quelques années en Angleterre et elle était soutenue par les écrits de John Ruskin qui encourageait les gens à se servir de couleurs vives pour égayer les façades des habitations des régions nordiques et donner un peu de chaleur aux tristes rues des villes. Ce fut Andrew Taylor (plus tard nommé Chevalier) qui présenta ce thème à Montréal. M. Taylor était un architecte anglais qui émigra au Canada en 1884 et enseignait l'architecture religieuse au Collège Presbytérien de McGill; il était également un conférencier très recherché. Il nota que jusqu'à récemment une maison en calcaire gris taillé, constituait un signe éminent de respectabilité. Il était maintenant temps, souligna-t-il, d'introduire des couleurs dans la construction et d'employer à cet effet tous les nombreux matériaux disponibles.

Plusieurs de ces matériaux, briques et pierres, se retrouvent dans la même section de l'avenue Elm. Ils varient du rouge au beige et au jaune, et provenaient d'Écosse, des provinces maritimes et de l'est des États-Unis. 94 Deux maisons faites de grès rouge sont ornées de bandes de pierre beige contrastante, l'ensemble étant surmonté d'une décoration crénelée. 95 Une variation de cette frise crénelée borde la toiture d'un ensemble de belles maisons jumelées. Sur la façade, le motif habituel est inversé c'est-à-dire que la surface est principalement faite de pierre rouge lisse et que des blocs de pierre grossièrement taillés sont employés pour la décoration.

Les constructeurs et les architectes étaient fascinés par l'utilisation des angles formés par les maisons et les rues, qui ajoutaient souvent à l'élégance des 96 bâtiments. Une tour hexagonale située à l'angle d'une maison fut bâtie en brique rouge et surmontée d'un toit pointu en ardoises. Une tour de grès 97 rouge comporte de petites lucarnes dans un toit en forme de cône et une autre 98 tour ronde est agrémentée de bandes et de motifs, afin qu'elle contraste avec la façade de brique. A l'angle d'une 99 terrace, une petite tourelle en brique,

97

98

99

100 Grandest of all is the Tuscan tower marking the boundary between Westmount and its neighbouring suburb of Notre Dame de Grace. The tower forms part of Westmount's Fire Station No. 2 built to serve the needs of a growing population on the upper levels of the municipality. Originally estimated at $26,000, the cost of the finished building reached a figure close to $70,000!

The rage for decorative elements in building which served as reminders of a romantic past reached its climax in homes whose exteriors emulated castles of medieval fantasy. Early in the century the novels of Sir Walter Scott had given his readers a vivid vision of the Middle Ages as a time of high romance, and designs were published for 'castles' which might be suitably adapted to incomes and sites of moderate size.

Experts deplored the trend. "What can be more absurd than houses built in what is termed 'the castellated style'?" wrote Augustus Pugin, England's leading authority on Medieval architecture. The public paid no heed. Illustrated publications showed variations on the castle theme while assuring their readers it was not strictly necessary to build earthworks around their 'castles' since these now served no practical purpose! It was, however, suggested that where possible a house he built on a 'commanding, rocky prominence'.

101 "Pierrefonds" is properly sited in this regard, above a steep hill, its proximity to the railway tracks not deterring the builder in any way. Research has failed to confirm an intriguing rumour about a prominent founder of the Canadian Pacific Railway and a certain local lady for whom he is alleged to have bought this house with a view, but, given the exotic setting, one

102 wishes it were true.

An equally extravagant structure nearby, probably by the same builder, confronts nothing more romantic, alas, than a busy street.

bien que de même grandeur qu'un fleuron, se remarque par sa finition soignée et répand un air de bienveillance, un peu comme les insignes familiales du Moyen-Age.

100 La plus grandiose de toutes, est la tour de style toscan qui marque la limite entre Westmount et le quartier avoisinant de Notre-Dame-de-Grâce. Cette tour fait partie du poste d'incendie No 2 de Westmount, construit pour desservir les besoins d'une population croissante dans les secteurs élevés de la municipalité. Originalement estimé à $26,000, le coût du projet s'éleva à un chiffre qui s'approchait de $70,000!

L'enthousiasme soulevé par les éléments décoratifs d'inspiration romantique atteignit son apogée lors de la construction d'habitations dont l'extérieur ressemblait aux châteaux médiévaux.

Les experts déploraient cette vogue. "Y a-t-il quelque chose de plus absurde que des maisons 'à créneaux' ", écrivait Augustus Pugin, sommité anglaise en architecture médiévale. Mais le public n'écoutait absolument pas. Les publications illustrées faisaient paraître des variations sur le thème du château, tout en affirmant à leurs lecteurs que ce n'était pas strictement nécessaire de faire des travaux de terrassement autour de leurs "châteaux" puisque ceux-ci n'avaient pas d'usage pratique de nos jours! On leur suggérait cependant de construire leur maison sur une imposante proéminence rocheuse chaque fois que c'était possible.

101 Dans cette optique, "Pierrefonds" est située sur une pente abrupte, près de la voie ferrée. Aucune recherche entreprise n'a pu confirmer la rumeur qui liait un illustre fondateur du Canadian Pacifique à une certaine personne de Westmount pour laquelle il était censé avoir acheté cette maison à la vue magnifique; mais à cause de son cadre exotique, on espère que l'histoire était vraie!

102 Une autre construction extravagante située à proximité et probablement érigée par le même constructeur, ne fait face, hélas, à rien de plus romantique qu'une rue très achalandée.

101

102

100

103. *Mother House of the Congregation de Notre Dame / Maison mère de la Congregation de Notre Dame 3040 Sherbrooke, 1904-7, arch. J. Omer Marchand front view (north-west) / vue de face (nord-ouest).*

104. *Side view of Mother House (south-west) / Maison mère, vue de côté (sud-ouest)*

CHAPTER IV
CHAPITRE IV

103

104

105

EDWARDIAN OPULENCE

Opulence on a grand scale greets the
103 visitor to Westmount in the form of the
104 magnificent Mother House of the
Congregation of Notre Dame. It was at
the turn of the century that the Order
chose land at the eastern edge of
Westmount's border for the site of its
new Mother House. The building was
designed by Montreal-born architect J-
Omer Marchand, recently returned
from studies at the Beaux Arts in Paris,
the first architect in the British Empire
to receive his diploma from the French
government. The commission for the
Mother House was Marchand's first
major assignment here. It is a huge
complex of connecting wings,
surrounded by magnificent trees and
lawns occupying a full city block of
land. The entrance is a handsome neo-
baroque structure with a richly faceted
facade leading the eye up to the dome

PROSPÉRITÉ ÉDOUARDIENNE

L'opulence frappante de la Maison
103 Mère de la Congrégation Notre-Dame
104 ne peut passer inaperçue. Ce fut au
début du 20ème siècle que l'Ordre
choisit un terrain situé à la limite est de
Westmount pour y construire sa
nouvelle Maison Mère. Cet immeuble
fut créé par l'architecte montréalais J.
Omer Marchand, récent diplômé de
l'Ecole des Beaux-Arts de Paris, le
premier architecte de l'Empire
britannique à recevoir un diplôme des
mains du gouvernement français. Le
projet de la Maison Mère fut le premier
grand projet qui fut octroyé à Omer
Marchand à Montréal. Il s'agit d'un
énorme complexe d'ailes reliées entre
elles, entouré d'arbres magnifiques et
d'une superbe pelouse, qui occupe
toute la surface entre quatre rues.
L'entrée est une élégante composition
de style néo-baroque, dont la

topped with sculptured figure of the Madonna, a readily identifiable landmark. The building and its parkland were classified as a Cultural Property by the Quebec Minister of Cultural Affairs in 1977.

For the same Order, the Congregation of Notre Dame, Marchand later designed a teachers'
105 college - the Ecole Pédagogique at the

sompteuse façade à facettes attire le regard vers le dôme surmonté d'une Madonna sculptée, point de repère facile à identifier. En 1977, le Ministre des affaires culturelles du Québec classa cet immeuble et le parc adjacent comme "biens culturels".

105   Plus tard, Marchand conçut l'Institut Pédagogique pour ce même Ordre, à la limite ouest de Westmount, près des

106

107

western edge of Westmount close to the large farm area owned by the Order. The building won Marchand a medal from France. It is another immense structure in the Beaux Arts tradition, this time drawing on French "palace" facade building for its historical source. Marchand, a collector and connoisseur of art, built his house in Westmount especially to contain his fine collection.
106 On a comparatively modest site he gave the facade a monumental air with a dramatic window balanced by a carefully detailed asymmetrical arrangement of entrance door and windows.

vastes champs qui appartenaient à l'Ordre. La France décerna une médaille à Marchand pour cet immeuble. Il s'agit là encore d'un immense bâtiment dans la tradition des Beaux-Arts; cet édifice s'inspire d'ailleurs du modèle du palais français. Marchand, collectionneur et amateur d'art, construisit également une maison pour lui-même à Westmount et il y hébergea sa merveilleuse collection. Bâtie sur un emplacement relativement
106 modeste, cette maison doit son caractère monumental à une fenêtre audacieuse équilibrée par la porte d'entrée et les fenêtres, dans une composition asymétrique.

107 Another elegant house, opulent in detail though not in size is a 'town house' in the New York tradition. It stands close to the sidewalk, its facade highlighted by a bay window with shaped glass panels of Art Nouveau inspiration. Sophisticated in design and finish, the house remains unique in Montreal, as most newcomers with means chose suburban villas with grounds rather than this kind of sophisticated city house.

More representative of new homes being built for the wealthy at the turn of the century are two houses designed by Robert Findlay. Like most late Victorian architects, Findlay was able to work in many styles, each of them adapted to the particular fancies of his clients. On house, reminiscent of a

108 French château, built for George Sumner, a dry goods importer, crowns a steeply sloping site on the upper part of the mountain. It was christened 'Oaklands'. A less dramatic site on a gentle slope at mid-level provides the

109 setting for a mansion which Findlay designed in a deft mix of Tudor half-timbering and the currently fashionable American country-house style.

In the Edwardian period, families of great wealth were moving west from Montreal's Golden Mile and Westmount found itself coming of age, a municipality in one of the world's great seaports when maritime prosperity was booming. The railways of Canada were also in their heyday and a large proportion of Westmount residents were employed by the railway companies, from trainmen to presidents of the board, or, as in the case of Edward Maxwell, architect for stations and hotels.

Late in the 1880's Windsor Station, grand terminal for the Canadian Pacific Railway, was opened in Montreal. The architect was Bruce Price, an American whose work was strongly influenced by that of Henry Hobson Richardson, the most important American architect of the 70's and 80's. Richardson's work was marked by an imaginative re-working of early medieval building forms, strong in outline and rich in surface detail, and wherever possible he urged the use of local materials to give buildings a sense of belonging in their environment.

107 Une autre élégante habitation, riche par sa finition sinon par son envergure, est une maison de style New-Yorkais. Elle se dresse près du trottoir, sa façade mise en valeur par une ''bay window'' aux vitres façonnées et inspirées du style Art Nouveau. Sophistiquée dans son design ainsi que dans sa finition, cette maison reste unique car la majorité des nouveau-venus choississaient de construire des villas de banlieue dans un jardin, plutôt que de bâtir ce genre de résidence sophistiquée.

Au début du siècle, Robert Findlay construisit deux habitaitons plus typiques de l'époque. Comme la plupart des architectes qui travaillaient à la fin de l'époque victorienne, Findlay était capable de proposer à ses clients de nombreux styles qui pouvaient s'adapter à leurs exigences. Une maison

108 surnommée ''Oaklands'', de style château français, fut construite pour un importateur de tissus, George Sumner; elle se dresse sur le versant de la montagne, près du sommet. A un niveau intermédiaire, sur un terrain en

109 pente douce, se situe une résidence adroitement conçue par Findlay, dans le style mi-Tudor mi-rustique américain, en vogue à l'époque.

Pendant les années edouardiennes, les familles prospères quittaient le ''Montréal Golden Mile'' pour déménager vers l'ouest,et Westmount devint l'une des municipalités d'un grand port international, pendant une période durant laquelle l'activité maritime connaissait une vague de prospérité. Les chemins de fer canadiens faisaient également l'objet d'un grand essor et de nombreux résidents de Westmount étaient des employés des compagnies ferroviaires, du cheminot jusqu'au président du Conseil d'administration, y compris Edward Maxwell, architecte de gares et d'hôtels.

Vers la fin des années 1880, la Gare Windsor, vaste terminus de la ligne du Canadien Pacifique, fut inaugurée à Montréal. Bruce Price, son architecte, était un américain dont l'oeuvre était considérablement influencée par Henry Hobson Richardson, le plus important architecte américain des années 1870 et 1880. L'oeuvre de Richardson était marquée par la réinterprétation des

108

109

110

111

Most Montreal architects attempted some variation on the Richardsonian style. Alexander Dunlop, for example, used Montreal stone of varying shades of grey to shape a contemporary version of a Scottish baronial castle, and Edward Maxwell designed a pair of stone houses
110 with sumptuous doorways, the Romanesque archway and great stone lintel over the door being typical
111 Richardsonian touches.

anciennes formes médiévales, aux contours massifs et à la riche finition; il encourageait toujours, lorsque c'était possible, l'emploi de matériaux locaux afin que les nouveaux immeubles s'harmonisent à leur environnement.

La plupart des architectes montréalais s'efforçaient de créer une variation du style Richardson. Alexandre Dunlop, notamment, se servit de pierre locale de divers tons de gris pour créer une version contemporaine d'une baronnie écossaise et Edward Maxwell conçut deux habitations de pierre aux
110 somptueuses entrées, l'arche de style roman et le grand linteau de pierre au-dessus de la porte constituant des
111 caractéristiques typiques de Richardson.
Bien qu'il eût fait ses études aux

89

112

Maxwell, though American trained, was also intrigued by the work and teachings of the English Arts and Crafts movement led by William Morris. Comfort and utility enriched by craftsmanship mark the products of Morris' disciples and these qualities are often notable in Maxwell's work. The *112* house he designed for D. McNicoll, a vice-president of the Canadian National Railway, is an exercise in restrained grandeur. It is opulent in its proportions and in its setting, yet apart from the baroque flourish of the cartouche over the entry, the facade is a quiet composition of balanced forms

Etats-Unis, Maxwell était intrigué par l'oeuvre et les enseignements du mouvement anglais des Arts et Métiers, dirigé par William Morris. La production de ce dernier et de ses élèves était marquée par le sceau du confort et de la commodité, auquel s'ajoutait une grande qualité d'exécution; on retrouve également ces qualités dans l'oeuvre de *112* Maxwell. La maison qu'il conçut pour D. McNicoll, vice-président du chemin de fer Canadien National, fait preuve d'autant de majesté que de sobriété. De proportions généreuses et située dans un cadre superbe, la façade de cette habitation est une composition

112. *2 Forden Ave., 1904, arch. E.J. Maxwell*

113. *188 Côte St. Antoine, 1889, arch. E.J. Maxwell*

114. *Doorway of/porte du 184 Côte St. Antoine, 1889, arch. E.J. Maxwell*

113

114

and unobtrusive detail. Like many houses on the mountainside it has a fine greenhouse - Westmount's erstwhile farms now captive and tropical!

113 Across from the McNicoll residence
114 Maxwell built a house for his father and a smaller one beside it for himself, on the site of the fourth of the Metcalfe Terrace houses (see chapter 1). Their facades incorporate a variety of decorative materials - ceramic tiles, plaster relief carvings, wood shingles - and include a plaque with the sunflower emblem of the Arts and Crafts school.

modérée de formes équilibrées et de sobres détails à l'exception de l'élégante cartouche baroque qui surmonte l'entrée. Comme beaucoup d'autres maisons sur la montagne, celle-ci a une très belle serre - les anciennes fermes de Westmount se spécialisant maintenant en cultures tropicales.

113 En face de la résidence McNicoll,
114 Maxwell construisit une habitation pour son père et une, plus petite, pour lui-même, à l'emplacement de la quatrième des maisons de la Terrace Metcalfe (voir chapitre I). Leurs façades incorporent une variété de matériaux décoratifs, carreaux de céramique,

115

115 Leading contender for the title of grandest house in Westmount is a rambling Jacobean stone mansion with extensive staff quarters on Sunnyside Avenue. It stands in proportionately large grounds and was built in 1911 for Lieutenant-Colonel Charles A. Smart, M.P.P. The finest materials available were used in its construction. Ross and Macfarlane designed the original building, but other consultants were called in over the years to effect additions and alterations. One of these was Percy Nobbs, a Scottish-trained architect and professor at McGill University. In 1921 Nobbs designed 116 the ironwork gates and fence which 117 form one of the outstanding features of the property - an example of wrought iron unique in the Montreal area. Among the motifs used is that of the

sculpture de stuc en relief, bardeaux de bois - et elles comprennent également une plaque portant l'emblème du tournesol de l'Ecole des Arts et Métiers.

115 La concurrente qui pourrait également porter le titre de ''maison la plus imposante de Westmount'' est une vaste demeure en pierre, située sur l'avenue Sunnyside, de style 17ème siècle et dotée de spacieux locaux pour le personnel. Elle se dresse sur un terrain relativement vaste et fut construite en 1911 pour le Lieutenant-Colonel Charles A. Smart, M.P.P. Elle est faite des plus beaux matériaux disponibles. Ross & McFarlane conçurent l'immeuble original mais d'autres architectes furent engagés par la suite pour faire des rénovations. L'un de ces consultants était Percy Nobbs, un architecte de formation écossaise,

116. Gates of/grille d'entrée du
12-14 Sunnyside Ave., 1921,
arch. Percy Nobbs

117. Detail of fence of/détail de la
grille du 12-14 Sunnyside Ave.,
1921, arch. Percy Nobbs

116

117

lily shown in a range of forms from bud
to full-blown flower.

After 1900 a major shift occurs in
building design. Gone are the turrets
and fanciful skylines, gone the multi-
coloured facades and castle fronts, gone
too the bursting forms and
acommodating house plans of the
previous decades. We are in a more
sober time. Another classical revival is
in the air and some adaptation of Greek
or Roman architecture is the ideal
model not only for bank buildings but
for other public buildings and for
mansions.

Architects adapted to the new trend
118 without breaking stride. Charles Saxe
119 produced a splendid example, an
Italianate villa with French Renaissance
overtones. This imposing structure was
described in reverent detail in a

professeur à McGill. En 1921, Nobbs
116 dessina les grilles et la clôture en fer
117 forgé qui constituent l'un des éléments
les plus frappants de la propriété - un
exemple de ferronnerie unique dans la
région de Montréal. Parmi les motifs
employés, on y trouve le lys sous une
variété de formes, depuis le bourgeon
jusqu'à la fleur pleinement épanouie.

Après 1900, on peut observer une
nouvelle et importante vogue dans le
domaine de la construction. C'est la fin
des tourelles et des découpages
fantaisistes, des façades de couleurs
vives de style château, ainsi que des
formes éclatées et des plans
complaisants des décennies
précédentes. La période des styles plus
sobres s'amorce. Le modèle idéal, non
seulement pour les banques mais pour
d'autres édifices publics et pour divers

93

118

119

120

118. *517 Roslyn Ave., 1913, arch. Charles Saxe*

119. *Doorway of / porte du 517 Roslyn Ave.*

120. *311 Kensington Ave., 1914, arch. Morley W. Hogle and / et Huntly Ward Davis*

121. *Former Post-Office / Ancienne bureau de poste, 1304 Greene Ave., 1914, arch. Alphonse Piché*

122. *Former Royal Bank / ancienne Banque Royale, 4192 St. Catherine, 1904, arch. E.J. Maxwell*

123. *Royal Bank / Banque Royale, 4849 Sherbrooke, 1907, arch. Howard C. Stone*

121

122

123

contemporary account which noted the excellence of the materials used and the richness of the design. A more modest

120 exercise in the genre is a house of beautifully cut stone which needs no extra trim to enhance its suave, polished air.

Growing prosperity was now reflected in Westmount's public buildings. ''Business naturally brings with it buildings of imposing structure and beauty'', said the *Westmount News* in

121 1914. The Post Office, now converted to boutiques, is a fine neo-baroque building with a dramatic entrance angled on its corner site and a handsome screen of columns fanning out along its two street facades.

In 1894 the Merchants Bank of Halifax, first bank to have premises in Westmount, opened a small office on the Greene Avenue side of the terrace illustrated in chapter III. Later, when the Merchants Bank of Halifax had become the Royal Bank, increased business led to the construction of a new Westmount building. This office, now

122 adapted to other commercial use, is built of unusually large blocks of buff sandstone and is a rather ponderous effort at grandeur. At the same time, the Royal Bank confirmed the growth of the western shopping area by establishing a branch in 1904 in a drug store on Victoria Avenue. Soon a new

123 building was needed. This 'West End' branch - the Royal Bank had only three branches in Quebec in 1904 - is a graceful, classical revival building using a composition material called 'Roman stone'. Both banks had the traditional manager's quarters upstairs.

Further evidence of prosperous times came with the move of Stanley Presbyterian Church from its location on Stanley Street in downtown

124 Montreal to Westmount Avenue. This vast neo-byzantine edifice is a grandly conceived adaptation of an early Christian basilica. The architect used fine Scotch fire brick and Portland stone from England (now unfortunately painted white) as the main building materials.

manoirs est maintenant le style classique néo-grec ou néo-romain.

Les architectes s'adaptèrent à la nouvelle vogue sans changer de pas.

118 Charles Saxe créa une superbe résidence
119 de ce style, une villa italienne incorporant certaines caractéristiques de la renaissance française. Cet imposant édifice fut décrit avec grand respect dans un compte-rendu contemporain qui soulignait l'excellence des matériaux et la richesse de la conception. Une autre habitation plus

120 modeste mais du même genre est cette harmonieuse maison en belle pierre de taille qui n'a besoin d'aucune décoration pour l'embellir.

La prospérité croissante de Westmount se reflétait maintenant dans ses édifices publics. ''Les affaires entraînent naturellement la construction de bâtiments imposants et de toute beauté'', signalait le *Westmount News* en 1914. Le bureau

121 de poste, qui abrite actuellement un ensemble de boutiques, est un élégant édifice de style néo-baroque, dont l'entrée imposante se situe à l'angle de deux rues et est encadrée d'un écran de colonnes se prolongeant le long des deux façades.

En 1894, la ''Merchants Bank of Halifax'', la première banque à occuper des locaux à Westmount, ouvrit un petit bureau sur l'avenue Greene, dans la terrace illustrée au Chapitre III. Plus tard, lorsque la ''Merchants Bank of Halifax'' devint la ''Banque Royale'', l'expansion du chiffre d'affaires mena à la construction d'un nouvel édifice à

122 Westmount. Cet immeuble de bureaux, qui s'adapte aujourd'hui à d'autres usages commerciaux, est fait de très gros blocs de grès beige et constitue une oeuvre plus massive que grandiose. Parallèlement, la banque confirma la croissance de la zone commerciale de l'ouest en établissant une succursale dans une pharmacie de l'avenue Victoria en 1904. Bientôt ce local ne répondit plus aux exigences. La

123 succursales ouest (en 1904, la Banque Royale n'avait que trois succursales au Québec) est un édifice attrayant, en ''pierre romaine'', de style néo-classique. Les deux succursales comportaient, au premier, les traditionnels appartements destinés aux directeurs.

124

There had been no place of worship for the early French settlers inside the area which became modern Westmount, though there was a wayside cross maintained by the St. Germain family at the top of the steepest portion of Côte St. Antoine Road where Lansdowne meets it today. *125* The first Catholic church, St. Léon de Westmount, was established in 1903. The original building was a neo-romanesque structure with strong walls enclosing an arched and vaulted interior space. In 1920 the present facade, a triple arched entrance, and a soaring bell tower were added. Under the direction of the artist Guido Nincheri and the priest, l'Abbé Oscar Gauthier, craftsmen were brought from Italy to decorate the inside walls with painted frescoes and to work in an exotic mixture of materials and textures; wood, Italian marble, ceramics and stained glass, creating one of the most remarkable church interiors in Quebec.

Une autre preuve de la prospérité qui règnait à l'époque fut le déménagement de l'Eglise presbytérienne Stanley, de la rue Stanley au centre-ville de Montréal, sur *124* l'avenue Westmount. Ce vaste édifice néo-byzantin fut bâti en 1913. L'architecte Melville Miller se servit pour la construction de brique refractaire écossaise et de pierre Portland provenant de Grande-Bretagne. Il n'y avait, au sein de la municipalité de Westmount, aucune église pour les premiers résidents français, bien qu'une croix, en bordure de la portion la plus raide du chemin de la Côte St-Antoine, à l'angle de ce qui est maintenant l'avenue Lansdowne, était entretenue par la famille St-Germain. La première église catholique, St. Léon de Westmount, fut créée en *125* 1903. Le bâtiment original était de style néo-roman et les murs solides ceignaient un espace intérieur aux nombreuses arches et voûtes. En 1920, l'on ajouta la façade actuelle, une entrée à trois arches et un clocher élancé. Sous la direction de l'artiste Guido Nincheri et de l'abbé Oscar Gauthier, on fit venir des artisans d'Italie pour qu'ils décorent les murs intérieurs de fresques à l'aide d'un mélange exotique de matériaux et de textures: bois, marbre italien, céramique et verre coloré, créant l'un des intérieurs les plus remarquables de toutes les églises du Québec.

125. *St. Léon de Westmount, 4311 de Maisonneuve Blvd., 1901 and/et 1920, arch. G.A. Monette*

The turn of the century brought great physical changes to Westmount and a second surge of growth. It also brought the automobile. When Western (de Maisonneuve) Avenue received its new street lights before the first World War it was jubilantly christened by the *Westmount News* "the Great White Way" and the portion of the street which cut through Westmount Park was to be used for "pleasure-driving, automobiling etc..." Owners of some of the houses illustrated in this chapter were the proud possessors of the city's first private cars.

Most homeowners, however, depended on streetcars. The slopes of the mountain could at last be reached by improved public transportation and the pre-World War I period produced a bonanza for builders. Farms began to disappear. First the Hurtubise land was sold for development and then parts of the Murray estate above West Mount, and the Raynes' field above Forden. The sale of market gardens and some Grey Nuns property on the central plateau filled Roslyn, Grosvenor, Melville and Kensington with new houses and produced two new streets, Redfern and Kitchener. Construction boomed and in 1911 the *Westmount News* recorded that City Hall had issued as many building permits as any city in Canada.

Au début du 20ème siècle, d'importants changements physiques se produisirent à Westmount et la construction prit à nouveau son essor. Ce fut également le moment où l'automobile fit son apparition. Lorsque l'avenue Western (de Maisonneuve) fut dotée de nouveaux reverbères juste avant la première guerre mondiale, le *Westmount News* la surnomma triophalement "La grande voie blanche" et la portion de la rue qui traversait le parc Westmount devait servir "aux promenades automobiles". Les propriétaires de certaines des maisons illustrées dans ce chapitre furent les premiers à conduire des voitures privées et ils n'en étaient pas peu fiers.

Toutefois, la majorité des gens se déplaçaient en tramway. Les pentes supérieures de la montagne étaient finalement devenues accessibles grâce aux transports en commun et les années qui précédèrent la première guerre mondiale devinrent une période de grande prospérité pour les constructeurs. Progressivement, les fermes disparurent. La propriété Hurtubise fut vendue pour être divisée en terrains à bâtir; puis ce fut la propriété Murray dont certains terrains au-dessus de "West Mount" furent également vendus; puis les Raynes se défirent des champs situés au-dessus de "Forden". La vente des potagers et de certains terrains situés sur le plateau central par les Soeurs Grises, permit la construction de nouvelles habitations sur les avenues Roslyn, Grosvenor, Melville et Kensington et entraîna la création de deux nouvelles avenues, Redfern et Kitchener. La construction était en plein expansion et, en 1911, le *Westmount News* enregistra que l'Hôtel de Ville avait émis autant de permis de construction que toute autre ville canadienne.

125

Over the seventy years since its achievement of city status, Westmount has accumulated many building by-laws and a modern zoning structure. Zoning, originally a German concept, was adopted by Westmount at the time the city became the first in Canada to appoint a full-time Manager, just before the first World War. Mayor Lighthall's 'Municipal Illustration' of 1902 foresaw "a system of building lines" which would influence the appearance of the town, and it was during his term of office that a by-law was passed to forbid the construction of terraces in "the upper half" of the town. The zoning system today makes a clear division between the main plateau where all the commercial and high-rise buildings are concentrated, and the mountainside which is still entirely residential with no business properties or modern apartments.

For some time there had been debate about changes to the Little Mountain's natural terrain. As early as 1891, Council foresaw the growth which was to come and there was discussion on the shape of the streets. Councillors deplored a proposed "checker-board" plan of roads for the hillside; "every spur and every glen should be jealously preserved", one urged. Today's map makes it clear, however, that in the planning of streets the old idea prevailed of following the up-and-downhill divisions between farms to give parallel street lines. Fortunately, some elements of gracious town planning had caught hold by the beginning of this century. Streets were to be of a minimum width and the planting of shade trees became general, while as Mayor Lighthall noted, "attention is paid to the laying of grass strips or boulevards for the better appearance of the streets".

Depuis soixante-dix ans, Westmount a accédé au statut de ville et le quartier a accumulé de nombreux règlements portant sur la construction, ainsi qu'une structure moderne de zonage. Le zonage, concept d'origine allemande, fut adopté par Westmount au moment où la ville devenait la première du Canada à nommer un administrateur à plein temps, juste avant la première guerre mondiale.

En 1902, l'"Illustration Municipale" du maire Lighthall prévoyait "un ensemble de lignes délimitant la construction", qui influerait sur l'aspect de la ville et d'ailleurs, au cours de son mandat, on adopta un règlement qui interdisait la construction de terraces dans la "moitié supérieure" du quartier. Le zonage actuel établit une nette division entre le principal plateau où se situent tous les édifices commerciaux et les gratte-ciel, et le flanc de la montagne, encore résidentiel dans sa totalité et qui ne comporte ni édifices commerciaux ni appartements modernes. Depuis quelque temps, on entend parler des changements que subit le terrain naturel de la Petite Montagne. Dès 1891, le Conseil sut prévoir l'expansion future et les conseillers discutèrent longuement de la forme des rues. Ils déploraient le plan de damier proposé pour le versant de la montagne; "il faudrait préserver jalousement chaque saillie et chaque gorge", remarqua l'un d'eux. La carte actuelle souligne toutefois que lors de la planification du quartier, l'ancienne idée de diviser le flanc de la montagne en lignes égales entre les fermes et de former des rues parallèles, est toujours présente. Heureusement, au début du siècle, l'urbanisme commençait à faire preuve d'une certaine élégance; les rues devaient être d'une certaine largeur, la plantation d'arbres destinés à donner de l'ombre devint générale et "l'on installa soigneusement des bordures de gazon qui embellissaient les rues", ainsi que le signala le maire Lighthall.

126. *38 Sunnyside Ave., 1914, arch.*
Percy Nobbs

127. *Doorway of/porte du 38*
Sunnyside Ave.

126

127

CHAPTER V
CHAPITRE V

128. *4278 Dorchester Blvd., 1915,*
arch. John S. Archibald

129. *Sundial on / cadran solaire au*
4278 Dorchester Blvd.

128

129

NEW DIRECTIONS

"The acknowledged model city of
Canada..."
The Montreal Star reporting on real estate values in
Westmount, 1910.

The new century brought an
acceleration of the trend to suburban
living and with it a new concept in
housing design. Developed in Britain
by Norman Shaw and termed the
'garden suburb' its aim was to provide
an environment which blended town

NOUVELLES DIRECTIONS

"The acknowledged model city of
Canada..."
"La cité modèle du Canada..."
Le Montréal Star dans un compte-rendu sur les valeurs
immobilières de Westmount en 1910.

Le 20ème siècle vit s'accélérer la
tendance à déménager en banlieue
entraînant, en même temps, le
développement d'un nouveau concept
de modèle résidentiel. Elaboré en
Grande-Bretagne par Norman Shaw et
appelé "banlieue-jardin", ce modèle

101

and country. Individual homes, single, terraced or semi-detached, were provided with gardens and surrounding green spaces. Streets were curved or broken into short blocks to provide ease of access and a sense of community. In Westmount the first such street plan was prepared by Brett and Hall, Boston landscape architects, in 1910, for the former golf course, but the housing was not developed as a unified project.

The concept of a unified neighbourhood was introduced to Westmount on a modified scale by Percy Nobbs in his design for Grove Park, a group of homes built on land remaining from the original Clarke estate. Nobbs, who could handle large scale structures in stone with great style - he was architect of several of the main campus buildings for McGill University - here turned his attention to the problem of domestic design. His basic form for each Grove Park unit was based on the Scottish crofter's house originally constructed of rough stone. Nobbs developed this theme in brick and used

126 it first for his own home. There are
127 elements here common to early French-Canadian houses - the steeply sloping roof fitting snugly on the house walls, with interior spaces and window and door openings arranged for maximim utility and comfort. At the same time
128 as Nobbs, another architect, J.S.
129 Archibald, built his home on Dorchester Avenue in 1915. Its clean sharp lines and subdued ornament contrast sharply with its neighbours and their extravagant trims and turrets. It heralds both a new style and a new outlook.

130

avait pour objectif d'offrir un milieu alliant les caractéristiques urbaines et rurales. Les pavillons, jumelées ou en rangées étaient toutes entourées de jardins et bénéficiaient de beaucoup d'espaces verts communs. On utilisait les courbes dans le tracé des rues et on les divisait en sections assez courtes afin d'offrir une grande facilité d'accès et de favoriser l'esprit de communauté. A Westmount, le premier plan de ce genre fut préparé en 1910, pour l'ancien terrain de golf, par des architectes paysagistes de Boston mais on n'élabora aucun programme résidentiel dans le cadre d'un plan d'ensemble.

Le concept de plan d'ensemble d'un quartier fut introduit à une autre échelle à Westmount par Percy Nobbs, dans le cadre de son plan pour Grove Park, un groupe de résidences érigées sur des terrains qui faisaient partie de la propriété originale Clarke. Nobbs, qui avait démontré beaucoup de talent dans la conception de bâtiments en pierre de grande envergure, et qui fut l'architecte de plusieurs bâtiments du campus de McGill, tourna alors son attention vers le problème du design résidentiel. La petite ferme écossaise constituait la forme de base de chacune des demeures de Grove Park; mais à la différence de leur modèle qui était en pierre, les maisons conçues par Nobbs étaient en
126 brique. Le premier exemple de ce type
127 fut sa propre maison. On y retrouve des éléments propres aux anciennes demeures canadiennes françaises, des toits en pente, qui s'adaptaient avec précision aux murs de la maison et des intérieurs, ainsi que des portes et des fenêtres conçus en vue d'offrir un confort et un service maximums.

A la même époque, en 1915, un autre architecte, J.S. Archibald,
128 construisit sa maison sur l'avenue
129 Dorchester. Ses lignes nettes et sa décoration sobre contrastent nettement avec les habitations voisines, avec leur ornementation extravagante et leurs tourelles. Cette maison fut à l'origine, d'un nouveau style et une nouvelle mode.

A similar simplicity of line, use of materials and decoration are seen in *130 131* other homes of this date. Two of these show Nobbs' influence in their steep roofs and random window placements. The decade 1905 - 1915 however was notable for the emergence of another major influence in international architecture - the work of the American, Frank Lloyd Wright. His project for a 'prairie house' had reached a large audience when it was first published in the *Ladies Home Journal* in January 1901. The low spreading lines and free interplay of indoor and outdoor spaces were originally conceived for a milieu where land could be used with a prodigal hand, but these ideas were soon adapted to more limited spaces.

Robert Findlay produced one house *132* in the Frank Lloyd Wright idiom. On a steeply sloping site he used broad overlapping planes to integrate house and land in a skilful design in which interior spaces flow together and move outward through many windows and a broad-roofed verandah.

On retrouve dans d'autres habitations datant de cette époque une même simplicité de lignes, d'utilisation de matériaux et de décorations. Deux *130 131* d'entre elles trahissent l'influence de Nobbs par la pente abrupte de leur toiture et par la disposition des fenêtres. Toutefois la décennie de 1905 à 1915 fut marquée par l'émergence d'une autre influence considérable sur l'architecture internationale - celle de l'oeuvre de l'architecte américain Frank Lloyd Wright. Son projet connu sous le nom de la ''maison de la prairie'' attira beaucoup l'attention lorsqu'il fut publié pour la première fois en janvier 1901 dans la revue ''Ladies Home Journal''. Ses lignes surbaissées, étendues, ainsi que le libre agencement des espaces intérieurs et extérieurs étaient conçus, à l'origine, en fonction d'un environnement où l'espace n'était pas compté mais ses concepts furent rapidement adaptés à des espaces plus réduits.

Robert Findlay créa une habitation *132* dans le style de Frank Lloyd Wright. Située sur une pente abrupte, il utilisa de vastes surfaces en chevauchement et intégra de manière très adroite la maison au site de telle sorte que les espaces intérieurs s'harmonisent entre eux et se prolongent vers l'extérieur, par de nombreuses fenêtres et par une véranda recouverte d'un large toit.

131. *626 Sydenham Ave., 1911, b. A.C. Matthews*

132. *3303 Cedar Ave., 1908, arch. Robert Findlay*

131

132

133   Frank Lloyd Wright's influence is also seen in the long low lines of Westmount Station. The three roofs at the right cover the original part of the building which was opened to the public on December 1st 1907 and later enlarged. Residents had demanded local train service from the C.P.R. for several years before a little brick station was built on the downhill side of the tracks at Abbott Avenue in 1897, but because that location presented gradient and safety problems, the company replaced it with a new station beside their large coach yards in the south-west corner of the city.

Railroads above and below Westmount's lowest escarpment brought heavy industry to the city's southern strip before the first World War. Massey, Harris, Babcock & Wilcox and John Stewart & Co. all had engineering plants served by a branch railway. Later Frosst Chemicals, a locally owned company, opened on St. Antoine Street. Today that building houses part of Dawson College, and almost all of Westmount's surviving industries are now on Hillside Avenue above the railroad tracks, while the

134 Harrison Brothers POM bakery is at the Glen.

Harrisons' bakery is Westmount's oldest manufacturing company, first opened in 1894 on Dunlop Place where Westmount Square now stands. The annual parade of horse drawn vans provided a favourite summer spectacle.

133   L'influence de Frank Lloyd Wright se fait également sentir dans les lignes nettes et surbaissées de la Gare de Westmount, un abri simple, sobre et élégant. Les trois toits à droite recouvrent la partie originale de l'immeuble qui fut ouverte au public le 1er décembre 1907; ce n'est que plus tard que la gare fut agrandie. Les résidents avaient réclamé de manière insistante au CP, depuis plusieurs années, la mise en oeuvre d'un service local, avant que la petite gare en briques ne soit construite en 1897 sur le côté bas de la voie ferrée sur l'avenue Abbott, mais à cause des problèmes de nivellement et de sécurité, la compagnie la remplaça par une nouvelle gare située à l'angle sud-ouest de la ville.

Les voies ferrées situées au dessus et en dessous de l'escarpement inférieur de Westmount amenèrent l'industrie lourde dans le secteur sud de la cité avant la première guerre mondiale. Massey, Harris, Babcock & Wilcox et John Stewart & Co. étaient tous propriétaires d'industries desservies par un embranchement de la voie ferrée. Plus tard, les Produits chimiques Frosst, une entreprise locale, ouvrirent leurs portes sur la rue St-Antoine. Actuellement, une partie de cet immeuble héberge le Collège Dawson et la majorité des industries survivantes de Westmount sont maintenant installées sur l'avenue Hillside, audessus de la voie ferrée, alors que les

134 boulangeries POM, Harrisson Brothers, sont installées dans le Glen.

La Boulangerie Harrisson est la plus ancienne manufacture de Westmount, puisqu'elle ouvrit ses portes en 1894 sur la Place Dunlop, à l'emplacement où se dresse aujourd'hui la Place Westmount, "Westmount Square". La parade annuelle de voitures à chevaux procurait un spectacle estival populaire. A l'époque victorienne, la compagnie offrait aux employés une promenade annuelle en traîneau et plus tard, elle offrit une croisière au clair de lune sur le St-Laurent, "tout à fait charmante", avec un orchestre qui offrait une "danse de Terpsichore", signalait le *Westmount News* de juillet 1914. La boulangerie moderne POM fut érigée en 1930, sur un terrain en pente gazonné. Les lignes italianisantes de sa

133

134

135

136

In Victorian times employees were given an annual sleigh ride by the company, and later in the year they went for a moonlight cruise on the St. Lawrence, "altogether charming", with a band to provide for a "terpsichorean whirl", according to the *Westmount News* in July of 1914. The modern POM bakery was built in 1930 on a steep lawn-covered slope, the Italianate roof lines echoing the simple forms of the station on the opposite bank of the Glen. It was designed by Sidney Comber - affectionately known as the 'bakertecht' for his several bakery building designs.

As the community grew so did the variety of housing offered. "Apartment houses are necessary to retain the young people", was the assertion at a Municipal Association meeting in 1913. Several three-storey apartment buildings already existed - the 'Kensington' (Quinlan) and the 'Roosevelt', both demolished, on St. Catherine Street, and the 'Denbigh'. Then in the fall of 1913 the first block to have four storeys and an electric elevator, the 'Western', was opened at de Maisonneuve and Olivier, followed in the 1920's by several larger multi-storeyed buildings mainly along Sherbrooke Street. Among the most handsome of these are the 'Stonehenge' and 'Stonehurst', remarkable for occupying an entire city block.

More and more institutions of all kinds were moving out of Montreal's centre. In 1920 the Mechanic's Institute, the oldest library in Montreal, moved to Westmount's eastern boundary. Melville Miller designed the sober building of patterned brick and stone with medallions of decorative relief inset around the facade.

Two years later Miller designed the 137 Shaar Hashamayim Synagogue, yet another religious centre which had moved from a downtown location to the suburbs. Miller's design, possibly his finest for a public building, is a subtle blend of simple lines and symbolic forms. The domes of middle eastern architecture are combined with classical details in a building which is yet wholly contemporary for its date. Additions in 138 1967 include a colonnade embracing the north and west sides, opening into a rose garden beside the new museum and library.

toiture font écho aux formes simples de la gare située sur la rive opposée du Glen. Elle fut conçue par Sydney Comber - surnommé "bakertecht", en raison des nombreuses boulangeries qu'il a bâties.

A cette époque un grand nombre d'organismes de tous genres quittaient le centre ville de Montréal. En 1920, le Mechanic's Institute, la plus ancienne bibliothèque de Montréal déménagea à la limite est de Westmount. Melville Miller conçut ce sobre immeuble de brique et de pierre, agrémenté de médaillons décoratifs en relief. Deux années plus tard, Miller fit les plans 137 pour la Synagogue Shaar Hashomayim, un autre centre religieux qui s'était déplacé vers la banlieue. Le projet de Miller, probablement son meilleur bâtiment public, est une subtile combinaison de lignes simples et de formes symboliques. Les dômes, qui rappellent l'architecture du Moyen-Orient, s'harmonisent aux détails classiques mais l'édifice, malgré cette combinaison reste caractéristique des constructions des années 1920. En 138 1967, la Synagogue fut agrandie; une nouvelle colonnade ceinture les côtés nord et ouest du bâtiment et s'ouvre sur un jardin de roses près du nouveau musée et de la bibliothèque.

La croissance de la communauté, entraîna la diversification de l'habitation. "Il faut construire des appartements pour retenir la population jeune de Westmount" affirma l'Association municipale lors d'une réunion tenue en 1913. Il y avait déjà alors quelques immeubles résidentiels de trois étages - le Kensington (Quinlan) et le Roosevelt, sur la rue Ste-Catherine, tous deux démolis et le Denbigh. Puis en 1913, au cours de l'automne, le premier immeuble de quatre étages, équipé d'un ascenseur électrique, fut inauguré à l'angle du boulevard de Maisonneuve et de l'avenue Olivier, suivi en 1920 de plusieurs immeubles plus vastes et plus hauts, situés surtout le long de la rue Sherbrooke. Entre autres, les impressionnants "Stonehenge" et "Stonehurst", remarquables par leur envergure, car ils occupent tout un îlot.

137

138

139. *Westmount Library/*
bibliothèque de Westmount,
4574 Sherbrooke, 1899, arch.
Robert Findlay

140. *Entrance to Westmount Library/*
entrée de la bibliothèque de
Westmount, sclpt. George W.
Hill

139

CHAPTER VI
CHAPITRE VI

140

141

142

PUBLIC PLACES AND SPACES

Westmount was fortunate in coming of age in the wake of a wave of concern for the development of a public environment which would enhance the quality of daily life. This movement stemmed from an ideal formulated in large measure by the Unitarian church movement in the United States. It praised the growth of cities but urged that all social and institutional development should include parks and green spaces for recreation and refreshment of the spirit.

A leading figure in the Unitarian movement was Frederick Law Olmsted (1822 - 1903), creator of Central Park in New York City. In 1874 he was brought to Montreal to help plan Mount Royal as a major recreational site, and in 1891 Councillor (later Mayor) Redfern urged that Olmsted's offer to plan Westmount's upper level be accepted. For some reason Olmsted's services were not called upon, but the power of his ideas remained.

A major focus for these ideas came in

ESPACES PUBLICS

Westmount a eu la chance de se développer à une époque où l'environnement urbain public tenait une place de plus en plus importante dans la qualité de la vie quotidienne. Ce mouvement prit sa source dans un idéal formulé en grande partie par l'église unitaire aux États-Unis; il promut l'expansion des villes mais insista en même temps sur le fait que tout projet de développement urbain devait prévoir dans son design la création de parcs et d'espaces de verdure destinés aux loisirs et au délassement de l'esprit.

Frederick Law Olmstead (1822 à 1903), l'une des personnalités de marque du mouvement unitaire, fut le maître d'oeuvre de ''Central Park'' à New York. En 1874, il fut invité à Montréal pour aider à faire du Mont Royal un important parc récréatif et, en 1891, le conseiller Redfern, qui fut ensuite élu maire, recommanda que l'on accepte l'offre d'Olmstead qui désirait faire un plan pour les niveaux supérieurs de Westmount. Pour des

143

1897 when Queen Victoria's Diamond Jubilee was celebrated with due festivity and patriotic fervour in Westmount with its large element of residents of British origin. The community decided to commemmorate the occasion in some lasting fashion by building a public library and recreation centre at the north west corner of a tract of farmland newly acquired by the city for a park. It offered the needed space and was centrally placed on the gracious new boulevard of Sherbrooke Street.

Limited funds were made available for the project when the Coates Gas Company defaulted on a contract and 139 the library was eventually built for the modest sum of $11,000. It was opened to the public on June 20th 1899. Robert Findlay's handsome design shows the influence of H.H. Richardson but Findlay's hand is evident in the 140 loving details of stone carving, leaded glass and plaster work which enrich the building inside and out. Over the years 141 building and location have grown to form a centre and meeting place for the 142 whole community.

A companion building to the library was the first 'Victoria Jubilee Hall' built by Robert Findlay in 1898. It housed a swimming pool and bowling alleys, and was the home of both the Westmount Athletic Association and the Westmount Highland Cadets. In 1924 it was completely destroyed by fire. When it was rebuilt community needs had changed. Most athletic activities were now concentrated in the new 143 Westmount Y.M.C.A. building across the street, and military exercises in the 144 newly-opened Westmount Armoury on St. Catherine Street.

145 The new 'Victoria Hall' was totally unlike the library in style and materials. It emerged as a rather laboured version of English Medieval building constructed of Credit Valley sandstone, but it has come to be held in much affection by the community and even moved one local writer to verse:

Our ''People's Palace'', in a garden set,
A realized ideal in stone! It stands
On Sherbrooke Street, with tower and
parapet,
Fulfilling Art's most critical demands.
Charles Benedict, ''Westmount in Song and Story'':
Westmount News 1933.

raisons inconnues, on ne retint pas les services d'Olmstead, mais ses idées survécurent.

Ces idées prirent de l'essor en 1897, lors du Jubilee de la reine Victoria, célébré avec une ferveur toute patriotique à Westmount par l'importante communauté d'origine britannique. La municipalité décida de marquer cet évènement de manière permanente en construisant une bibliothèque publique et un centre récréatif au coin nord-ouest d'un terrain agricole récemment acquis par la Cité pour en faire un parc. Ce site offrait l'espace nécessaire et était très central puisqu'il était situé sur la nouvelle et élégante rue Sherbrooke.

On limita les fonds attribués à ce projet lorsque la Compagnie Coates Gas faillit à ses obligations dans l'exécution d'un contrat qu'elle avait conclu avec la Cité et la bibliothèque fut érigée pour 139 la modeste somme de $11,000. Elle fut inaugurée le 20 juin 1899. La distinction du projet conçu par Robert Findlay trahit l'influence de H.H. Richardson, aussi bien en ce qui concerne son caractère massif que son 140 portail roman, mais la main de Findlay est encore plus visible lorsque l'on examine les merveilleux détails des sculptures en pierre, les vitraux et les moulures qui enrichissent l'immeuble à l'intérieur ainsi qu'à l'extérieur. Au 141 cours des années, la bibliothèque est 142 devenue un centre de réunion pour la collectivité.

En 1898, Robert Findlay construisit un immeuble apparenté à la bibliothèque. Ce fut le premier ''Victoria Jubilee Hall''. Il comprenait une piscine et un bowling, et constituait le siège de la ''Westmount Athletic Assocation'' et des ''Westmount Highland Cadets''. En 1924, un incendie détruisit totalement cet immeuble. Lorsqu'on le rebâtit, les besoins de la communauté avaient changé. La majorité des activités athlétiques se conentraient maintenant 143 au nouveau YMCA de Westmount, situé en face et les exercices militaires avaient lieu dans la nouvelle 144 gendarmerie de Westmount, rue Ste-Catherine.

145 Le nouveau Victoria Hall différait totalement de la bibliothèque, aussi bien dans le style que dans les

144. *R.M.R. Armouries, 4625 St. Catherine, 1925*

145. *Victoria Hall, 4626 Sherbrooke, 1925, arch. Hutchison and/et Wood*

146. *Westmount Park School and playing field/et terain de récreation, 1913, arch. Ross and/et Macdonald*

144

145

146

The Victoria Jubilee Park was Westmount's first public park. Its original twenty acres were farmland from various estates and, like Murray Park, had probably once been the site of Indian activity. For the first few years the land was left close to its natural condition, with ponds in two corners and a heavily wooded ravine. There were ducks in the water and children could pick wild flowers to their heart's content.

About 1912 the acreage was increased to its modern limits beside Westmount Park School, and R.A. Outhet, a local landscape architect, was engaged to design the extension. Westmount Park,

matériaux de construction. Construit de grès de ''Credit Valley'', il se dressait telle une version trop élaborée d'un bâtement britannique médiéval. La communauté de Westmount a cependant fini par lui ouvrir les bras et un poête local a même pu écrire:

Our ''People's Palace'' is a garden set,
A realized ideal in stone! It stands
On Sherbrooke Street, with tower and parapet,
Fulfilling it's most critical demands.

Charles Benedict, Westmount in Song and Story, Westmount News: 1933

Le ''Victoria Jubilee Park'' fut le premier parc public de Westmount. Il couvrait vingt acres de champs

146

147

111

as it came to be called, underwent further changes, first to discipline nature with tidy flower beds and a bandstand, and later in 1964, amidst much controversy, in a major facelift by a Chicago firm, McFadzean and Everly. Pleasant features from the past include the cast-iron luminaires from 1932 which light the walks at night, and plates indicating the names of trees fixed to the bark. Carefully replaced on the newly-landscaped lawns were a pair

148 of Georgian cannon of unidentified origin.

Two busy public centres developed around Westmount's major shopping areas in the east and west of the district.

149 Greene Avenue in eastern Westmount retains only a few relics of its early fashionable, residential character. The little houses at the extreme right in the photograph are survivors from the 1870's and another terrace from the 1880's, topped by a turret, is in the next block. The six-storey office on the right is the new Bank of Montreal which replaced a Maxwell building of stone built in 1904. The street was widened to its limits for car and bus traffic, but there are plans to transform the entire street into a pedestrian mall. The area is highlighted by the dramatic view of the mountainside at the end of the street, providing a changing backdrop of colour all year long.

At the west end of the city, the shopping area is clustered around

150 Victoria Avenue at its junction with Sherbrooke street. On Victoria Avenue stood Westmount's earliest department store, now recycled as an art school, the

151 Visual Arts Centre. When it opened as 'Biltcliffe's' store in 1910, selling groceries, hardware and school books, it illustrated the most up-to-date construction methods, the architects using steel and generous amounts of glass on a solid masonry base.

152 Midway between the two busy shopping areas a quiet oasis of green was created by the open space of the Westmount Bowling Club. The simple frame clubhouse dates from 1902, and the activities of the club have continued without a break since that time. Near the Bowling Club, the Heather Curling Club and the St. Antoine Tennis Club flourished on Kensington Avenue for many years. Now except for the

provenant de diverses propriétés et, tout comme Murray Park, il était probablement à l'origine un centre d'activité pour les indiens. Pendant les premières années, ce terrain doté d'une mare à chacune des deux extrémités et d'un ravin densément boisé, est resté en friche. Il y avait des canards dans les mares et les enfants cueillaient des fleurs à coeur joie.

Vers 1912, la superficie du parc fut étendue jusqu'aux limites actuelles à proximité de l'école.

''Westmount Park'', le nouveau nom
147 qu'il reçut, fit l'objet d'autres changements. A l'origine il s'agissait de discipliner quelque peu la nature, en créant des plate-bandes soignées et un kiosque à musique; plus tard, en 1964, et malgré la controverse créée par le projet, on chargea la compagnie McFadzean & Everly de donner au parc une cure de rajeunissement. Il reste cependant du passé certains éléments des plus intéressants, notamment les réverbères de fonte qui datent de 1932. Deux canons de type georgien mais d'origine inconnue, furent soigneuse-
148 ment replacés sur les nouvelles pelouses.

Autour des importantes zones commerciales de Westmount, à l'est et à l'ouest de ce quartier, s'établirent deux centres très actifs. Il ne reste aujourd'hui sur l'avenue Greene, à l'est, que peu de vestiges de son caractère ancien, résidentiel et élégant. Les
149 petites maisons à l'extrême droite de la photo survivent depuis 1870 et une autre terrace couronnée d'une petite tour et située dans le paté de maisons suivant, date de 1880.

A l'ouest de la Cité, le centre commercial se regroupe autour de l'avenue Victoria à l'angle de la rue Sherbrooke. Ce fut sur l'avenue Victoria que s'installa le premier grand
150 magasin de Westmount; aujourd'hui, ce bâtiment est devenu une école d'artisanat, le Centre des Arts Visuels. Lors de son ouverture en 1910, ce magasin s'appelait ''Biltcliffe'', et
151 offrait à ses clients aussi bien des produits alimentaires que de la quincaillerie et des livres scolaires. Il illustre bien les méthodes de construction les plus modernes de l'époque car les architectes ont construit

147

148

149

150

151

152

156

Montreal Caledonia Curling Club on Hillside Avenue, the Bowling Club is the only private athletic group holding land in the city.

153 Nearby stands Westmount City Hall.
154 This location, at the point where the Indian trail begins to climb and skirt the mountainside, had been a centre for religious, educational and administrative councils from earliest times. Later, the development of Sherbrooke Street created a striking triangle of land. On this island, Garden Point, at the approach to City Hall, stands Westmount's memorial to
156 the men and women fallen in two world wars. The sculpture group, unveiled in 1922, is by George Hill, creator of two major Montreal monuments - one to the regiment of the Strathcona Horse of the Boer War in Dominion Square (1907), and the other to Sir George-Étienne Cartier (1919) which stands at the foot of Mount Royal Park. Hill sculpted several war memorials for towns and municipalities across Canada but Westmount's is undoubtedly among his finest. The well-proportioned platform and parapet, designed by Percy Nobbs, were added after the second World War, and the ensemble is given due honour by its commanding site.

Westmount City Hall was built in 1922. Though obviously in a revival style, the building well illustrates the maxim that 'any builder may copy a style but it requires an architect to compose in it'. Robert Findlay, together with his son Frank, was the architect of this mellow, finely-crafted structure. In maintaining a relatively low skyline the architect paid tribute to neighbouring buildings of much earlier date. Surrounding development - as in
157 Selwyn House School, originally built as Westmount's Senior High School, on Côte St. Antoine Road, and in the
155 Church of the Ascension of our Lord, on Sherbrooke Street - has continued to respect style and scale with the result that, over a time span of some two hundred years, this area has grown into what is possibly the finest example of integrated town planning in Montreal.

cet immeuble en acier sur une solide base de maçonnerie et ont utilisé une grande quantité de verre.

152 A mi-chemin entre ces deux centres actifs, se trouve l'oasis de verdure créé par le ''Westmount Bowling Club''. Ce bâtiment de bois très simple date de 1902 et les activités du club se sont poursuivies sans interruption depuis cette date.

153 Tout près se dresse l'Hôtel de Ville.
154 Cet emplacement, au point où la piste indienne commençait à grimper et à ceinturer le versant de la montagne, a été un centre de Conseils religieux, éducatifs et administratifs depuis les premiers jours. Plus tard, le développement de la rue Sherbrooke créa un terrain de forme triangulaire particulièrement frappant. Sur cet îlot, Garden Point, près de l'Hôtel de Ville, on peut voir le monument aux morts de
156 Westmount, érigé en mémoire des hommes et des femmes tombés lors des deux guerres mondiales.

L'auteur de cette oeuvre, inaugurée en 1922, est George Hill, également l'auteur de deux importants monuments de Montréal, l'un érigé en l'honneur du régiment Strathcona Horse de la guerre des Boers, et situé au carré Dominion (1907) et l'autre en mémoire de Sir George-Etienne Cartier (1919) et situé au pied du parc du Mont-Royal. Percy Nobbs ajouta, après la deuxième guerre mondiale, une plateforme et un parapet bien proportionnés et le site imposant où ce dresse cet ensemble confère au monument tout l'honneur qu'il mérite.

L'Hôtel de Ville de Westmount fut construit en 1922. En gardent la même hauteur que les immeubles environnants plus anciens, l'architecte leur a rendu l'honneur qu'ils méritent. Tout le développement environnant
157 comme, par exemple, l'immeuble de l'Ecole ''Selwyn House'', immeuble érigé à origine pour y installer la ''Westmount Senior High School'', et
155 l'église Ascension of our Lord, a toujours respecté le style et l'échelle existants, contribuant ainsi en quelque deux cents ans, à créer ce qui est peut être, à Montréal, le meilleur exemple d'urbanisme intégré.

153

154

155

157

158. *72 Belmont Crescent, 1926,*
    arch. Leslie Perry

159. *65 Belvedere Place, 1929,*
    arch. John S. Archibald

158

159

CHAPTER VII
CHAPITRE VII

161

160

CONTEMPORARY TRENDS

Few major changes took place in the
face of Westmount in the 1930's, 40's
or 50's. These decades saw a steady
increase in domestic building, much of
it on a modest scale which did little to
alter the 'garden city' character of the
town. Part of the original farm of the
Sulpician Order's property, still known
locally as the 'Priests' Farm', was sold in
the 1920's for a housing development.

TENDANCES CONTEMPORAINES

On ne peut noter que peu de
changements importants à Westmount
au cours des années 1930 à 1950.
Pendant ces décennies, la construction
résidentielle fit l'objet d'une croissance
soutenue. Cette construction, d'une
échelle modeste, n'a que peu modifié le
caractère de Westmount, la "cité
jardins". Une partie de la ferme qui,
originalement, constituait la propriété

117

Designed by local architects, Shorey and Ritchie, the Priests' Farm houses were built on curving streets with service lanes, a revival of an old planning concept. In the same decade the heart of the Murray estate was saved from speculators, thanks to the vigilance of parents who wanted to retain the lovely fields as a playground for their children.

With the building of Westmount City Hall in the 1920's the municipality acquired both a focal centre and an image. Findlay's beautiful building set a pattern for revival styles in architecture though fortunately it also set a standard for excellence of design and construction, and several homes built in the following years show a care and craftsmanship which matched Findlay's own.

Four examples are shown here, each a meticulous adaptation of a historical prototype. One is a lovingly detailed 158 Tudor manor house with a roof of singularly fine English tiles. Another is a late exercise in the grand manner, the 159 Elizabethan country mansion built for entertaining on a lavish scale. Even as it was being built, however, the way of life it reflected was becoming an anachronism, and in 1961 the house was divided into two separate structures, each of them a large home by current standards.

Another Westmount home to be built on a scale of pre-war grandeur is a 160 transplanted Italian villa of grandiose proportions which now functions as a school. It is built of pale, fine-grained stone which gives the facade the smooth surface sheen of marble. The most recently built of these revival-style 161 houses has drawn on French-Canadian roots. The rough stone, steep roof, dormer windows and huge chimneys set in the end walls pay tribute to an indigenous style seen in its original form in the Hurtubise house.

Along with revival styles came newer 162 trends. The doorway of St. Paul's School has an entrance framed in shallow relief in Art Deco style. The school is set well back from Côte St. Antoine Road behind trees and grass and an impressive cast-iron fence, now a rarity in the district. Another influence of the late 1920's and 30's was that of the cubist forms and clearcut outlines promoted by Le Corbusier. These are

de l'Ordre des Sulpiciens, et que l'on désigne encore aujourd'hui comme "Priests' Farm" fut vendue pendant les années 1920 pour en faire un projet résidentiel. Conçues par les architectes montréalais Shorey et Ritchie, les résidences de la Ferme des prêtres furent construites le long des rues sinueuses et munies de voies de service, réutilisation en quelque sorte d'un ancien concept de planification. Par contre, au cours de cette même décennie, la propriété Murray fut protégée contre les spéculateurs grâce à la vigilance de parents désireux de conserver ces beaux espaces verts comme terrains de jeux pour leurs enfants.

L'érection de l'Hôtel de Ville, pendant les années 1920, constitua pour la municipalité un point focal et lui donna en même temps une image. L'élégant immeuble de Findlay entraîna une floraison de style "Néo" en architecture. Heureusement, il servit également de modèle par l'excellence de sa construction, et plusieurs résidences, bâties au cours des décennies suivantes, font preuve du soin et de la compétence qui étaient la marque de Findlay.

Nous montrons ici quatre exemples dont chacun d'eux est une adaptation soigneuse d'un prototype historique. L'une de ces résidences est un manoir de 158 style Tudor, aux détails minutieux, dont le toit est de tuiles anglaises particulièrement belles. Une autre est une des dernières manifestations du genre grandiose - un imposant manoir 159 elisabéthain conçu pour les réceptions fastueuses de la haute société. Mais au moment même où on le construisait, le mode de vie qu'il reflétait devenait un anachronisme et en 1961, cette superbe demeure était divisée en deux parties, dont chacune reste quand même, selon nos normes actuelles, une vaste résidence.

Une autre demeure fut construite selon des normes datant d'avant guerre: 160 il s'agit d'une maison de style villa italienne, de proportions grandioses, qui héberge aujourd'hui une école. Faite de pierre pâle, à grain fin, la façade de cette maison est lisse et lustrée comme le marbre. Les dernières 161 demeures construites dans un style "Néo" puisent dans les racines canadiennes françaises, la pierre des

163 reflected in a house where the basic geometry is softened by the curves of the rising land, curves repeated in the deep bow windows.

In the 1950's a pleated tent-like roof and new facade were added to the
164 Temple Emanu-el Synagogue. The original building completed in 1911 was a Byzantine-inspired structure similar to that of Stanley Presbyterian Church by

champs, la pente abrupte du toit, les lucarnes et les énormes cheminées situées aux extrémités, rappelant le style français que l'on peut observer dans sa version originale dans la maison Hurtubise.

En même temps que les styles
162 ''Néo'', d'autres tendances plus modernes se manifestèrent. Le portail de l'Ecole St-Paul est encadré de reliefs

162

163

the same architects. A disastrous fire almost totally destroyed the synagogue which was rebuilt by architect Max Roth in a contemporary design which echoes the feeling of the earlier building.

By the 1960's domestic architecture could draw on new forms and materials. One of the few homes of this period built on a large site is a harmonious design of open and closed spaces. It
165 reflects a Japanese influence in its serene air and clearly defined lines. The challenge of a narrow lot on a steep slope produced one ingenious solution in a house which turns its face away from the street. A long climbing stairway leads the eye up to the trees beyond, uniting house and site in an integrated composition.

peu profonds de style Art Deco. L'école est située en retrait sur le chemin de la Côte St-Antoine, derrière des arbres, une pelouse et une imposante grille en fonte, exemple rare aujourd'hui dans ce quartier. Les formes cubistes et ces lignes nettes, qui étaient une des marques du Corbusier influèrent également sur l'architecture à la fin des années 1920 et pendant les années 1930. Cette influence se
163 remarque dans une demeure dont la géométrie est adoucie par les courbes du terrain en pente, courbes que l'on retrouve dans les profondes fenêtres en saillie.

Pendant les années 1950, un toit rappelant une tente ainsi qu'une nouvelle façade furent ajoutés à la

119

164   Unusual materials and a remarkable play of forms combine in another unique house. Granite of varying shades is the major building material used in the facade and driveway. The cool, subtle colours dramatise the elegant curves and sharp outlines which make of the house an abstract sculpture. Glazed greenish-red brick is used for a recent terrace which adjoins a group of greystone flats of the 1890's. The architect has maintained a similar roof level with the older homes and has reflected their forms in his sculptural facade of bays and recessed entrances.

Canada's surging prosperity in the late 1950's and 60's imposed radical changes on the structure of Westmount's streets and open spaces. The building of the St. Lawrence Seaway, Expo '67, the construction of the Metro and international investment brought greatly increased Westmount. The municipality began

164   Synagogue Emmanu-el. L'immeuble original, terminé en 1911, était un bâtiment type bysantin, semblable à l'église presbytérienne Stanley conçue par le même architecte. Un terrible incendie détruisit la synagogue presque au complet; elle fut reconstruite par l'architecte Max Roth dans un style contemporain qui s'harmonise au style du premier immeuble.

A partir des années 1960, l'architecture domestique se mit à emprunter de nouvelles formes et de nouveaux matériaux. L'une des quelques résidences construites au cours de cette période sur un terrain spacieux est un ensemble harmonieux composé d'espaces ouverts et fermés; elle reflète *165* l'influence japonaise par son apparence sereine et ses lignes nettement définies. Le défi que présente un lot étroit sur une pente abrupte amena une solution ingénieuse, c'est-à-dire une maison qui tourne le dos à la rue: un long escalier conduit les yeux jusqu'aux arbres derrière la maison et crée une composition intégrée qui lie la maison au site.

Une autre maison, construite de matériaux peu communs fait montre d'un jeu frappant de formes. Le principal matériau de construction utilisé pour la façade et l'entrée est un granit de tons variés. Les couleurs subtiles et fraîches ajoutent aux courbes élégantes et aux lignes franches qui font de cette maison une sculpture abstraite. Dans une terrace des années 1970 l'architecte a utilisé, pour un groupe de maisons situé à côté de bâtiments de pierre grise datant des années 1890, des briques émaillées verdâtres; pour le toit, il a conservé le niveau des maisons anciennes et il a repris leurs formes dans la manière sculpturale dont il a traité les baies et les portes en retrait.

Les récents changements radicaux qui ont eu lieu à Westmount furent entraînés par la prospérité des dernières années 1950 et des années 1960. La construction de la voie maritime du St. Laurent, de l'Expo '67, celle du métro et les nombreux investissements internationaux ont amené à Montréal des années de prospérité et ont considérablement augmenté la valeur du sol à Westmount. La municipalité commença à être dévorée et à se dévorer

164

165

166. 603 Clarke Ave., 1966, arch. Joseph Baker

167. 461 Clarke Ave., 1967, arch. Dimitri Dimakopoulos

168. 78 Summit Crescent, 1968, arch. Richard Weinstein / Greenspoon, Freedlander, Plachta and Kryton

166

167

168

to be consumed and to consume itself. Entire streets - Tupper, Gladstone, and the north side of Dorchester - were razed, and Selby Street virtually disappeared under the Ville Marie Expressway. St. Catherine Street's original business section between Gladstone and Greene lost all its nineteenth century buildings during the decade before 1978. Westmount's last farm, the Grey Nuns' property between Clarke and Redfern - where a donkey was still grazing in 1956 - was sold for the construction of mammoth apartment blocks and office buildings.

In the rebound from the shock of high-rise and expressway construction, however, Westmount gained three small parks, one of them, Stayner Park, pioneered by the labour of residents on the site of a former French Methodist Institute. Reclamation of another kind took place in Westmount Park where the portion of the street which had been cut through the area in the early days of the automobile 'for pleasure driving' was closed to stem the volume of commuter traffic pouring through the playing fields. The Park is now free of motor traffic, and skateboarders and cyclists have taken over the pavement. Still another kind of change was effected in 1974 with the purchase by the city of the old CPR freight yard on Hillside Avenue for the construction of public housing units of varying sizes to which residents of lost Selby street were to have priority.

The most dramatic new addition to Westmount's skyline came with the building of Westmount Square. Work began on this project in 1964. Designed by the great architect Mies Van der Rohe the concept was controversial from the outset in spite of the distinction of its creator. The three towers, originally conceived as a group of four, were the first buildings of such height permitted in the district and it was feared the project would inevitably and irreversibly alter the character, scale and way of life of the area. Together, the towers form one of the most striking examples anywhere of the so-called 'International style' which Mies helped make famous. Elegant in concept and execution the three buildings lie in subtle relationship to one another forming changing patterns like moving

elle même. Des rues entières, Tupper, Gladstone, et le coté nord de Dorchester, furent rasées et la rue Selby a virtuellement disparu pendant la construction de l'autoroute Ville-Marie.

Pendant la décennie qui a précédé 1978, tous les immeubles du 19ème siècle ont disparu du secteur commercial original de la rue Ste-Catherine entre Gladstone et Green. La dernière ferme de Westmount, propriété des Soeurs Grises entre Clarke et Redfern - où un âne broutait encore en 1956 - fut vendue pour faire place à un immeuble géant.

En contrepartie du choc imposé à la ville par la construction de tours et d'autoroutes, Westmount a gagné trois petits parcs dont l'un d'eux, le Parc Stayner, fut créé grâce au travail des résidents, sur le site de l'ancient Institut méthodiste français. On récupéra également une partie de la rue qui traversait autrefois le parc et qui était destinée aux ''promenades automobiles''. La rue fut fermée pour réduire le volume de circulation qui traversait des terrains de jeu. La circulation automobile a fait place maintenant aux rouli-roulants et aux bicyclettes. En 1974, on vit un nouveau changement, quand la municipalité acheta l'ancienne gare de CP sur l'avenue Hillside en vue d'y construire des habitations publiques de différentes tailles afin d'héberger en priorité les résidents expropriés de la rue Selby.

''Westmount Square'' fut la dernière addition, voire la plus remarquable, sur la ligne d'horizon de Westmount. La construction de cet immeuble débuta en 1964. Conçu par le fameux architecte Mies Van der Rohe, son design fut, depuis l'origine, l'objet de beaucoup de controverse, et ce, malgré la grande réputation de son auteur. Les trois tours (il devait y en avoir 4 à l'origine) constituaient les premiers immeubles d'une telle hauteur, autorisés dans le quartier et l'on eut peur que ce projet ne modifie inévitablement et irréversiblement le caractère, l'échelle et le mode de vie du quartier. Groupées, ces tours constituaient l'un des exemples les plus frappants du ''style international'' auquel contribua Mies. Elégantes dans leur concept et dans leur exécution, ces trois tours sont subtilement reliées entre

169

169. 22-44 Somerville Ave., 1977,
arch. Ross Hayes.
20 Somerville Ave., 1897, b.
Ludger Hamelin

170. Westmount Square, 1964-6,
arch. Mies van der Rohe /
Greenspoon, Freedlander,
Plachta and Kryton; from / vue
de Sherbrooke St.

170

sculpture as the passer-by moves along the streets or looks down from the upper slopes of the mountain.

Nevertheless, the price paid for this work of art in environmental terms has been high. The towers rise like dark punctuation marks along Westmount's eastern boundary, overshadowing the streets and houses in their immediate vicinity. They introduce, the dimensions of a large-scale city architecture which could overwhelm the human scale of urban building established over the three hundred years of growth in this remarkable but vulnerable municipality of Westmount.

elles et composent des formes changeantes, à mesure qu'on avance dans la rue.

Toutefois, sur le plan de l'environnement, ces oeuvres d'art coûtent cher. Ces tours se dressent comme de sombres points d'exclamation le long de la limite est de Westmount, éclipsant les rues et les maisons avoisinantes et soulignant la direction vers laquelle cette remarquable, bien que vulnérable, municipalité de Westmount, pourrait se diriger.

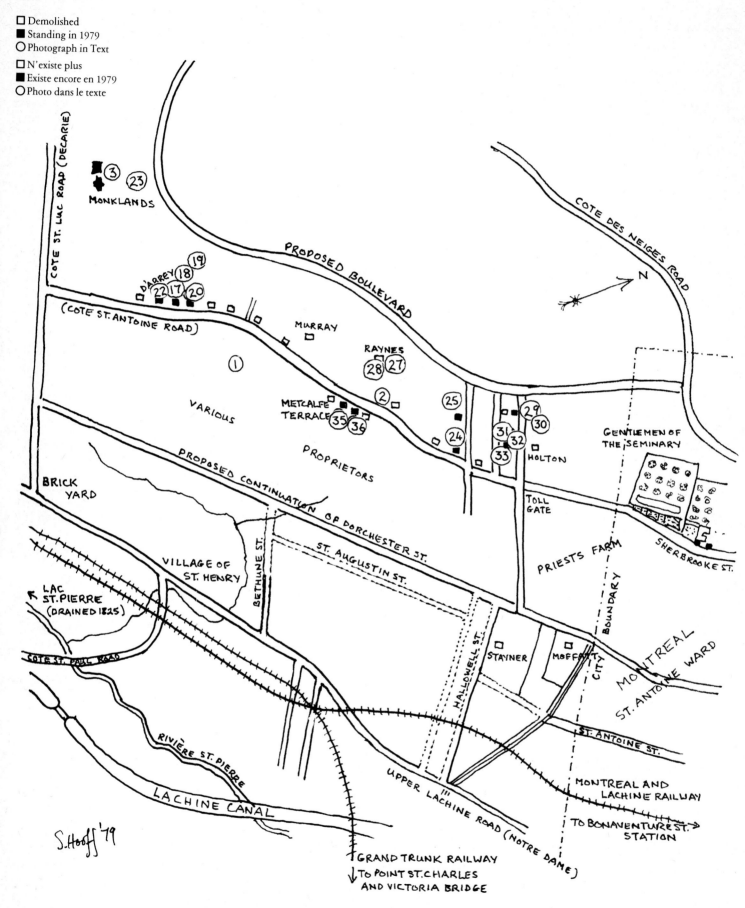

WESTMOUNT 1859
(territory known as Côte St. Antoine)

based on Boxer's map published by Lovell
(zone portant le nom de Côte St-Antoine)

sur la base de la carte de Boxer publiée par Lovell

☐ Demolished
■ Standing in 1979
◯ Photograph in Text

☐ N'existe plus
■ Existe encore en 1979
◯ Photo dans le texte

A.

COTE ST. LUC ROAD (DECARIE)

③ ㉓
MONKLANDS

COTE DES NEIGES ROAD

PROPOSED BOULEVARD

⑲
D'ARREY ⑱
㉒ ⑰ ⑳

(COTE ST. ANTOINE ROAD)

MURRAY

RAYNES
㉘ ㉗

①

N

VARIOUS

② ㉕

METCALFE TERRACE
㉟ ㊱

㉙
㉚

㉔
㉛ ㉜
㉝
HOLTON

GENTLEMEN OF THE SEMINARY

PROPRIETORS

PROPOSED CONTINUATION OF DORCHESTER ST.

BRICK YARD

ST. AUGUSTIN ST.

TOLL GATE

PRIESTS FARM

SHERBROOKE ST.

VILLAGE OF ST. HENRY

BETHUNE ST.

LAC ST. PIERRE (DRAINED 1825)

COTE ST. PAUL ROAD

HALLOWELL ST.

STAYNER

MOFFATT

CITY BOUNDARY

MONTREAL ST. ANTOINE WARD

ST. ANTOINE ST.

RIVIÈRE ST. PIERRE

UPPER LACHINE ROAD (NOTRE DAME)

MONTREAL AND LACHINE RAILWAY

TO BONAVENTURE ST. STATION

LACHINE CANAL

S. Hooff '79

GRAND TRUNK RAILWAY
↓ TO POINT ST. CHARLES AND VICTORIA BRIDGE

B.

WESTMOUNT 1879
(Village of Côte St. Antoine)

based on Hopkins' map / sur la base de la carte de Hopkins

☐ Demolished
■ Standing in 1979
○ Photograph in text

☐ N'existe plus
■ Existe encore en 1979
○ Photo dans le texte

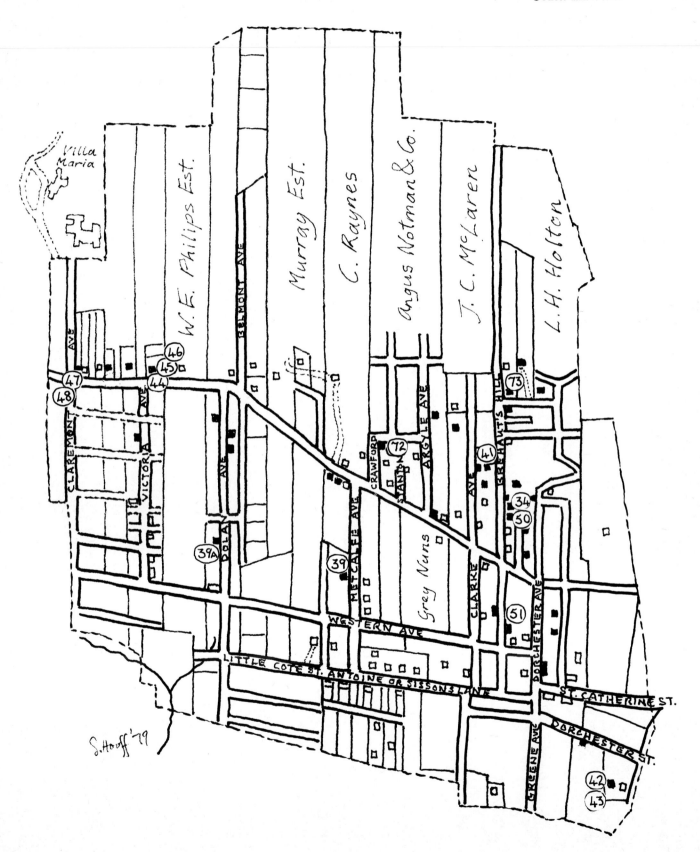

S. Hoff '79

125

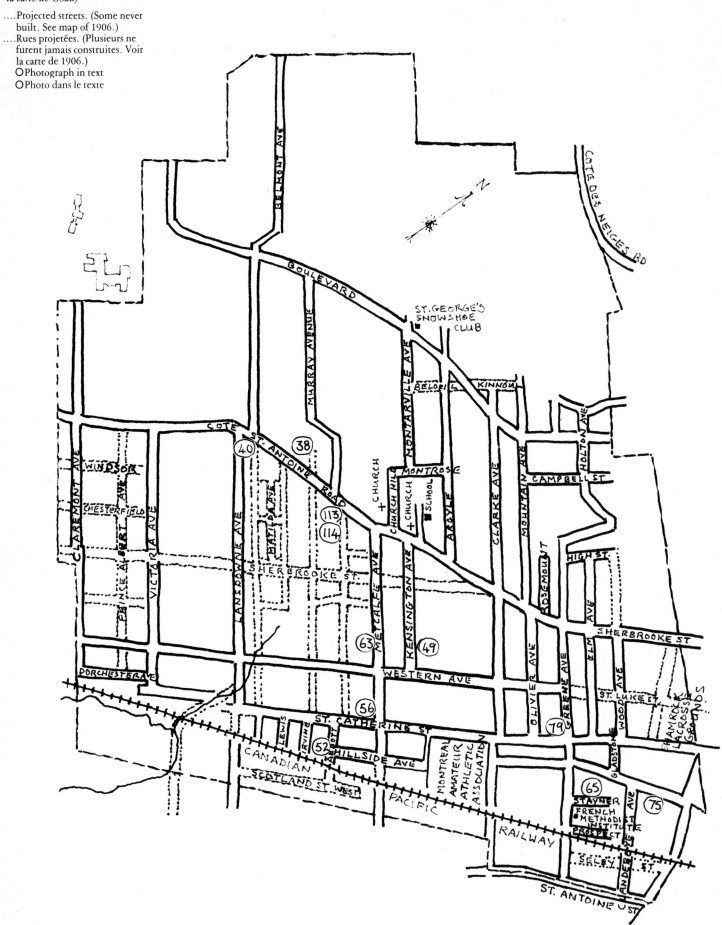

WESTMOUNT 1890

(based on Goad's map / sur la base de la carte de Goad)

C.

....Projected streets. (Some never built. See map of 1906.)

....Rues projetées. (Plusieurs ne furent jamais construites. Voir la carte de 1906.)

○ Photograph in text
○ Photo dans le texte

WESTMOUNT 1906
(*based on Pinsonneault's map / sur
la base de la carte de Pinsonneault*)
○ Photograph in text
○ Photo dans le texte

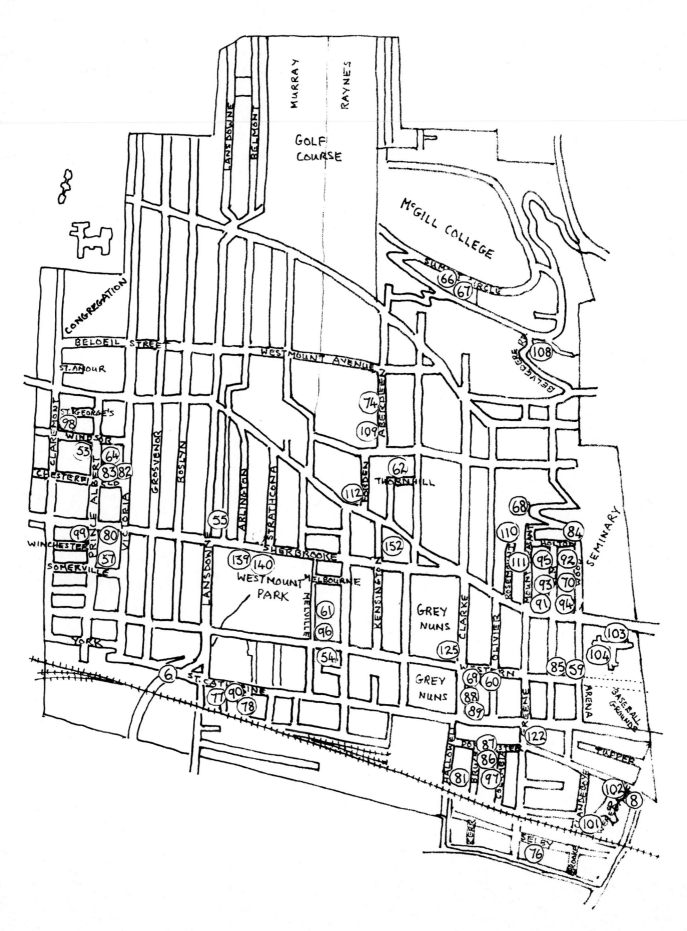

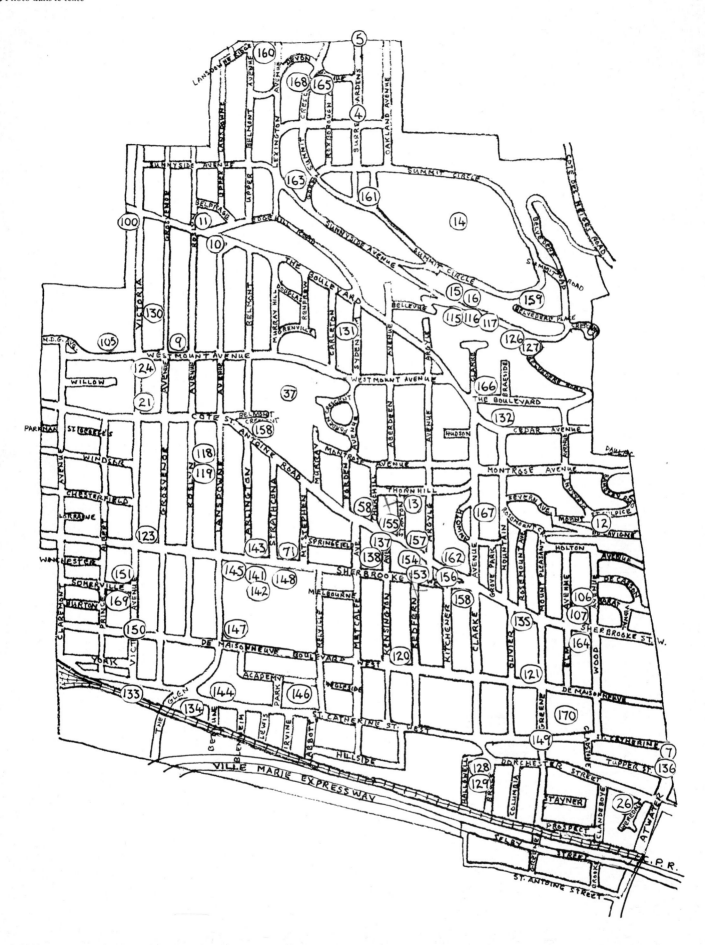

BIBLIOGRAPHY

Note: Information on the buildings in this book has been drawn largely from records at Westmount City Hall: the index of building permits begun in 1909, the valuation rolls dating from 1879, Council minutes, architects' plans etc. The Sulpician "terrier", house deeds, family files, contemporary newspapers, and personal communications, all produced further data.

The following bibliography therefore lists only those books and articles which were consulted for general background material.

BIBLIOGRAPHIE

Note: Les renseignements contenus dans ce livre proviennent en grande partie des archives de l'Hôtel de Ville de Westmount: répertoire des permis de construction, commencé en 1909; rôles d'évaluation, datant de 1879; procès-verbaux du Conseil; plans d'architectes etc. Les titres de propriété "terriers" des Sulpiciens, les documents privés, les journaux contemporains ainsi que diverses communications personnelles constituent tous des sources supplémentaires de données.

La bibliographie ci-dessous n'énumère que les livres et les articles consultés dans le but d'obtenir des renseignements d'ordre général.

BOOKS / LIVRES

Clarke, Adèle *John Clarke: His adventures, friends and family.* Montreal: The Herald Publishing Co; 1906

Collins, Peter. *Changing Ideals in Modern Architecture* 1750 - 1950 London: Faber & Faber: 1965

Downing, A.J. *The Architecture of Country Houses* New York: D. Appleton & Co.: 1850

Downing, Antoinette F., and Scully, Vincent J. Jr. *The Architectural Heritage of Newport, Rhode Island 1640-1915* Cambridge, Mass: Harvard University Press: 1952

Fripp, Molly, Elbourne, Ann, Waters, Maryla. *Roslyn, The Story of a Canadian School*: 1977

Gowans, Alan *Looking at Architecture in Canada* Toronto: Oxford University Press: 1958

Groves, C.M., and C.H. Moodie, *History of Westmount* Westmount News; 1913

Hitchcock, Henry-Russell *Architecture: Nineteenth and Twentieth Century* Harmondsworth and Baltimore: Penguin Books: 1958

Hitchcock, Henry-Russell *The Architecture of H.H. Richardson and his Times* New York: Museum of Modern Art: 1936

Hitchcock, Henry-Russell *The Rise of an Amercian Architecture* New York: Praeger Publishers: 1970

Jenkins, Kathleen *Montreal: Island City of the St Lawrence* New York: Doubleday & Co. Inc.: 1966

Lighthall, W.D. *Montreal after 250 years* Montreal: F.E. Grafton & Sons: 1892

Lockwood, Charles *Brick and Brownstone: The New York Row House 1783-1929* New York: McGraw-Hill Book Company: 1972

Loudon, J.C. *Encyclopedia of Cottage, Farm and Villa Architecture* 1833

Old Westmount Club of Westmount High School *Old Westmount* 1967

Ruskin, John *The Stones of Venice* ed. J.G. Links London: Collins: 1960

Scully, Vincent J. Jr. *Frank Lloyd Wright* New York: Braziller: 1960

Terrill, Frederick W. *A Chronology of Montreal and of Canada from 1752-1893* Montreal: John Lovell & Son: 1893

Traquair, Ramsay *The Old Architecture of Quebec* Toronto: Macmillan & Company of Canada Ltd.: 1947

Vaux, Calvert *Villas and Cottages* New York: Harper & Bros.: 1857

Woodward, George E. *Woodward's National Architect* New York: 1889

ARTICLES, PAPERS AND PERIODICALS/ARTICLES, JOURNAUX ET PÉRIODIQUES

Canadian Architect and Builder Toronto: C.H. Mortimer, Publisher: 1890-1910

Lambert, Phyllis "Move by Religious Orders helped set our Urban Pattern" *Gazette* Montréal, Feb 11, 1975

Lambert, Phyllis and Lemire, Robert "Building in Montreal: A Break with Tradition" *Canadian Collector* Jan./Feb. 1978 pp 77-81

Westmount News 1910-1915

OTHER SOURCES/AUTRES SOURCES

Corporate Archives of Canadian Pacific /Archives de la compagnie Canadien Pacifique

Lovell's City Directories of Montreal /Annuaire des Résidents de Montreal de Lovell

MacKay's City Directories of Montreal /Annuaire des Résidents de Mackay

Archives of the Westmount Historical Association /Archives de l'Association historique de Westmount

INDEX

131